事業所が
労働法の罠に
嵌まる前に読む本

中小企業経営のための
労働時間，就業規則，注意指導，紛争，退職，解雇

特定社会保険労務士
安藤政明

❖花乱社

感　　謝

　平成10（1998）年7月1日，安藤社会保険労務士事務所を開設しました。事務所を開設したと言っても，自宅兼事務所で安藤一人です。事務所開設当時は満30歳，社会保険労務士として全く未経験。仕事の依頼をいただく都度，調べたり行政に確認したりの日々でした。それから20年。気づけば，当時30歳だった若者が，50歳のおっさんになってしまいました。20年もの間，廃業することなく今日を迎えられたこと，支えていただいた皆様には頭が上がりません。

　20年を記念して，何かしたい。いろいろと悩みましたが，本を出版することにしました。過去に数冊本を出版したことはありますが，いずれも出版のために執筆したものです。本書は，これまでに執筆したものをまとめて出版する，という逆の流れが特徴です。

　実はかなり以前から，契約事業所様だけのために毎月いろいろなことを書きまくって送り付けています。反応がなくても，毎月繰り返しています。その中に，労働法に関して何らかのテーマで毎月約8頁執筆する「社会保険労務士の独り言」というものがあります。それから，毎月労働法関係の新聞記事を切り抜いて，これに関して言いたい放題執筆する「最新記事☆言いたい放題」というものがあります。タイトルのとおり，言いたい放題です。他にも多少ありますが，この二つを毎月継続することが本当にキツイです。毎月，本気で「今月でやめよう」と思ったりもします。しかし，やめる口実が見つからず，いまだに続けています。ビビリなんです。

　本書は，主に「社会保険労務士の独り言」と「最新記事☆言いたい放題」から，比較的最近執筆したものから選びました。もちろん出版にあたり，多少の修正箇所はあります。いずれも契約事業所様だけのために執筆したものですから，完全に事業所側の立場ですし，何かと問題のある内容だったりします。できるだけ問題がないものを選んだつもりですが，あくまでも主観なので，わかりません。本書をお読みいただいた方で，何か感じられたとしましても，どうぞご容赦くださいませ。クレーム等は一切受け付けません。

　出版社には，最初に送った原稿が600頁超になると知って急遽半分以下に減

らすなど，多大な無駄な努力をさせてしまい，この場を借りて謝罪申し上げます。

　最後になりましたが，満20年を迎えられたのも，偏に八百万の神々，契約事業所様，士業の皆様，その他多く（家族を含む）の支えていただいたすべての方のお蔭です。心から感謝申し上げます。よろしければ，これから先も見捨てることなく，さらに力強く支えていただきますよう平にお願い申し上げます。

　　　平成30年5月吉日

　　　　　　　　　　　　　　　　　　　　　安 藤 政 明

目　次

感　謝 ……………………………………………………………… 3

労働法の原則

労働法の「使える」基礎知識 ……………………………………… 10

労働基準監督官による臨検監督 ………………………………… 19

採用難，雇ってもやる気はなく流出リスク…… ……………… 29

外国人アルバイト雇用はご用心 ………………………………… 30

神職は「労働者」にあたるか …………………………………… 31

神職も僧侶も労働基準法上は労働者 …………………………… 33

十七条の憲法の視点で労働法改正を …………………………… 34

学校教育は「人間」を育む場であることを希う ……………… 36

労働時間

どこまでが「労働時間」なのか ………………………………… 40

事業場外みなし労働時間制 ……………………………………… 49

時間外削減は事業所を守るため ………………………………… 59

労働時間の記録と実態の乖離が許されない時代へ …………… 60

長時間労働への厳しい認識と書類送検 ………………………… 62

労働時間も過労死も増加しないが社会が変わった …………… 63

抜け道の無い労働時間規制 ……………………………………… 65

賃　金

給与と在籍労働者の流出防止 …………………………………… 68

新三種の神器，職務内容，責任程度，評価記録 ……………… 78

「不合理な違い」にご用心 ……………………………………… 80

同一労働同一賃金ガイドライン ………………………………… 82

就業規則

就業規則変更の留意事項 · 86

精神疾患労働者への対応と休職規定 · 94

退職金規定と従業員区分の定義 · 104

懲戒権行使と法律上の取扱い · 105

国歌斉唱，筋の通らぬ司法判断 · 114

注意指導

注意指導の3類型 · 118

書証の重要性 · 127

懲戒処分の留意点，二重処罰禁止・減給処分上限 · · · · · · · · · · · 137

紛　　争

「覚えてない」の考察 · 140

労働者は密かに労働局に相談している · · · · · · · · · · · · · · · · · · · 149

合同労組とその対応 · 151

非正規労働者の適正管理で合同労組対策 · · · · · · · · · · · · · · · · · 160

ハラスメントに関する最高裁判例 · 161

あっせん解決金に基準は不要 · 171

報復されたら困る労働法的事情があると…… · · · · · · · · · · · · · 172

退　　職

3月退職者とリスク予防 · 176

退職勧奨の裁判例と応用 · 185

労働者による契約破棄は保護される権利 · · · · · · · · · · · · · · · · · 194

目前に迫る有期雇用の無期転換制度 · 195

転籍合意を得るための事前協議の重要性 ···················· 197

解　雇

厳しい解雇規制がもたらした悲劇 ···························· 200

解雇と無罪推定 ·· 209

今こそ明確な解雇基準の確立を！ ···························· 211

副業，兼業と解雇 ·· 212

副業，兼業をなぜ促進？ ···································· 221

信頼関係の破壊と解雇 ·· 223

公務員の軽すぎる処分と民間の極端な処分 ···················· 233

解雇金銭解決制度の必要性 ···································· 234

あとがき ·· 237

労働法の原則

労働法の「使える」基礎知識

　お蔭様で，「社会保険労務士の独り言」は第200号を迎えた。

　毎月一つ，1年で12，10年で120……。そう考えると，16年8カ月目ということになる。16年8カ月前は，平成12年1月である。

　小職は，平成10年7月に社会保険労務士事務所を開設した。平成12年1月は，まだ開業後わずか1年6カ月の時期である。

　平成12年当時は，鬱病等の精神疾患が，諸事情によっては事業所が責任を問われるとは考えられていなかった時代であった。

　思えば，当時は中小企業等において育児休業を取得する女性はほぼ皆無だった。週48時間労働制から週40時間制に移行して間もなかった。

　また，定年年齢は何歳でもよかったが，最低60歳と定められてからも間もなかった。もちろん，60歳を超える雇用義務などなかった。

　パートにも年次有給休暇が認められていたが，取得する者はほとんどいなかったし，知らない者も多かった。

　そして何より，当時はサービス残業は当然で，残業代を支払っている事業所の方がむしろ珍しかった。

　労働法は守られざる法律の典型として，「労働法やら守ったら中小企業はみな潰れる」という経営者が非常に多かった。

　16年で，時代は変わってしまった。基本に立ち帰り，現行労働法を基礎に，「使える」労働法の基礎知識について確認したい。

1. 労働法の背景

　先の大戦直後，GHQ占領下において制定されたのが，労働法である。

　GHQの最大の目的は，よく言えば日本の民主化であろうが，実際には未来永劫アメリカに軍事的脅威を与えないよう弱体化させることであった。

　欧米諸国は主としてキリスト教徒であるが，聖書は，罪に対する罰として，

人間に労働の義務を課した。

しかし，日本においては，古代より八百万の神々を信仰し，労働を貴いものとして扱ってきた。天皇陛下自ら田植えをされるなどであるが，これは今でも新嘗祭，大嘗祭などとして残っている。

欧米諸国に限らず，世界中の諸国は，「支配者と被支配者」で国家が成り立ってきた歴史がある。

しかし，日本においては，天皇陛下は国民を「大御宝（漢字表記は種々あり）」と呼ばれるなど，天皇を家長とする大家族という世界唯一の考え方をもつ国であった。

欧米は個人主義だといわれるが，日本は家族主義であり，集団主義である。

GHQは，それまでの日本の習慣や考え方を意識的に破壊し，欧米の価値観を押しつけた。

このような背景で生まれた労働法は，「労使対立」という二極構造とならざるを得なかったのである。

戦前の日本の事業所は，経営者を家長とする家族であり，まさに日本そのものの縮小版であった。それが戦後の労働法制定により，この考え方は完全に否定されることになった。

しかし，国民性は一朝一夕に変わるものではない。労働法と，世の中の事業所の実態はかけ離れたまま，労働法施行から少なくとも40年以上にもわたって，「守られざる法律の典型」となったのである。

労働法に基づく紛争が全くなかったわけではない。

特に，昭和40年代安保闘争の時代等においては，労働組合運動も盛んだった。しかし，個人による労働紛争は，非常に珍しい時代であることは変わりなかった。

やがて昭和が終わり，バブルがはじけ，就職氷河期，リストラ，失われた10年（20年）等，暗いイメージの言葉が並ぶ時代になった。このような背景において，50年以上前にGHQがまいた種が芽を出し始めた。

経営者と労働者の対立という考え方，それも「個人の権利」が主張されるようになった。一昔前の日本人は，みんなに迷惑をかけることを自ら律し，公の精神を備えていたが，残念ながら次第に減ってきている。

2. 労使関係

　事業所の経営者にも，様々なタイプがある。

　サラリーマンとして入社し，出世を重ね，トップになるケースもある。大企業によく見られるタイプである。

　しかし，小規模な事業所の多くは，経営者が創業者であったり，その子孫が二代目，三代目として継いでいるタイプである。ちなみに，大企業や上場企業でも，このタイプがある。

　特に創業者や，その事業を継いだ二代目等は，雇用する労働者に対し「自分の事業を手伝ってくれる身内」というような意識を持つことは少なくない。

　しかし，法律はこのような意識を完全に否定する。

　法律上の労使関係は，端的に言えば，「労使対立」である。双方の利益がぶつかり合う，利益相反関係とされている。

　また，法律上は，労働者は人間であるところ，労働法上は「労働力を提供し，その対価として賃金を受ける」として，まるで機械か何かモノのような扱いである。

　事業主に対しては，もっと酷い。前提条件が，「資本家」であり，資本家は強く労働者は弱く，「資本は悪，労働は善」なのである。

　悪徳事業所から善良な労働者を守ることを目的とするのが，労働法なのである。

　経営者だって，個人として人間である。

　特に小規模な事業所においては，経営者が最も「労働」しているケースが少なくない。それでも，労働法上保護されることがないのはやむを得ないとしても，労働者に対しては労働法上の権利を保障しなければならない存在とされているのである。

　労働法上の権利を保障することは，ある意味当然だと考える人もいるだろう。しかし，よく考えて欲しい。労働者が，事業所の期待する労働を提供しているのであれば，当然なのかもしれない。反対に，労働者がサボってばかりで働かない場合や，それどころか周囲に迷惑をかけまくっている場合はどうだろうか。この者が権利を主張すれば，それは義務の遂行なき権利主張である。

　世間の実態を見ると，労働法を根拠に労働紛争を勃発させる労働者が，その

所属する事業所において模範的な労働者であったり，他の労働者から頼りにされ，又は愛されている労働者であった例を小職はほとんど知らない。

即ち，労働法は，労働者全体の権利を保障しようという理念があるのかもしれないが，実態は，問題ある労働者だけを保護しているといっても過言ではない。

理不尽な労働紛争が後を絶たない。そして，小職がよく言う台詞だが，「経営者には人権すら認められない」という結果につながるのである。

3. 強行法規

日本人は，もともと約束を重んじる民族である。

しかし，労働法は，当事者がどれだけ固い約束を交わしていても，法の基準を下回ることを原則として絶対に許さない。

「本人が納得している」という経営者の台詞がある。

この台詞は，残業代が支払われていなかったり，労働時間が長かったりする場合等，経営者にとって客観的に不都合なときに用いられる「言い訳」となる。

よく例に挙げるのが，最低賃金である。

福岡県最低賃金は，平成29年10月より789円となった。しかし，本人がどうしても働きたい，タダでも良いから勉強したい，と言ったとしても，時給500円で契約すると問題がありそうに感じることだろう。そのとおりで，仮にこのような契約をして本人が納得していても，時給は789円とみなされて差額を支払えと言われることになる。

これと同様に，本人が残業代込みで月給〇円でよいと納得していても，法律は許さない。本人が何時間でも働いて稼ぎたいと言っているとしても，法律の上限を超える労働時間は許されない。

このことから，労働法は「強行法規」と呼ばれる。専門用語で言えば，「直律効」があるとされているのである。

労働基準法第13条
　この法律で定める基準に達しない労働条件を定める労働契約は，その部分については無効とする。この場合において，無効となつた

部分は，この法律の定める基準による。

　この条項が，労働基準法の「肝」である。

　本人が納得していても，固く約束を交わしていても，全く関係ない。法律の基準を下回る部分は無条件に「無効」とされ，無効部分は法律の基準が適用されるだけなのである。

　労働法に限らず，法律の大原則がある。「法は，法の不知を許さず」である。

　労働法は，関係諸法令もたくさんあり，ややこしすぎる。労働法の専門家でなければ，弁護士ですら理解できていない。また，労働法の専門家でも，すべての労働法令に精通しているわけではない。

　そのような難解な労働法が，すべての事業所に適用され，知らないことが許されないのである。何ということだろう。

4. 指揮命令権の購入

　労働契約の締結，即ち「人を雇う」とは，どういうことだろうか。

　労働基準法の表現を借りると，労働者とは，「使用者に使用される者」である。そして，労働者に対しては，労働の対償として賃金を支払う。即ち，労働契約の締結により，事業所は賃金という費用を支払って「人を使う権利」を購入しているのである。

　この「人を使う権利」とは，事業遂行のため必要な労働を命じることである。「指揮命令権」である。この指揮命令権を買うために，事業所は年間数百万円もの大金を，しかも毎年毎年支払い続けるという超大型出費となる契約を締結するのである。

　超大型出費である以上，購入した指揮命令権をもって出費以上の成果を期待するのが事業所である。

　当然と言えば当然である。出費以上の成果がないのであれば，大金を支払ってまで購入する必要は全くない。

　悩ましいのが，購入するのが機械でなく，人間だということである。

　機械なら，指示ボタンを押せば，指示どおりに動く。文句は言わない。何時間でも働く。壊れても，修理すればよいし，買い換えればよい。古くなって新

しい機械が開発されたときも、買い換えればよい。初期投資が主で、ランニングコストはさほどかからない。そもそも期待どおり使えなければ、捨てればよい。

しかし、人間への指揮命令権の購入は、悪い喩えかもしれないが「大博打」である。指示命令しても、指示どおりに動くとは限らない。勝手な論理で事業所に文句を言うかもしれない。労働時間には法規制がある。法規制内であっても、疲れたら性能が低下する。能力が低いとき、教育訓練しても効果があるとは限らない。初期投資だけでなく、毎年毎年大きな費用がかかる。しかも、多くの場合、購入した年よりも、年々費用が高くなる。期待どおり使えなくても、捨てられない。しかも、数百万単位の費用は固定的にかかり続ける。

それだけでない、悪い奴を採用してしまうと、故意に事業所に害を為すケースも考えられるのである。

以上のとおり、指揮命令権の購入は、大博打である。

素晴らしい人材を確保できれば、事業所が大きく飛躍することにつながるだろう。逆に、悪い人材を確保すれば、捨てたくとも捨てられず、最悪の場合は事業所に害をもたらすのである。

ここで考えたい。本当に素晴らしい人材を望むとき、それに見合った条件を提示できるだろうか。条件が高いほど、リスクも大きくなるが、これができなければ、過度に新しい人材に期待すべきでないのかもしれない。

5. 指揮命令権の行使

指揮命令権を購入した以上、きちんと指揮命令権を行使しなければならない。「任せていたら、とんでもないことになった」というような話を聞くことは少なくない。しかし、これは、労働者の問題ではあるだろうが、労働法はそう考えない。

指揮命令権を有する事業所が、「任せた」のである。どのような結果になろうと、指揮命令の内容が、「任せた」わけであって、本人は指揮命令権に従って何かをしていたのである。そして、本人がしていた何かが、とんでもないことになるまで継続したということである。本人は、何か非違行為等があれば別であ

るが，基本的に指揮命令に従って何かしていただけだということになる。

納得いかないと思われるが，これだけではない。

「任せた」としても，途中で問題があるようであれば，指揮命令権を行使して具体的に指示すれば良いのである。それをしなかったのであるから，黙認したことになるのである。

この「黙認」は，労働法上の大きな大きなキーワードの一つである。

「本人が勝手にやった」としても，それを知りながら指示，注意等をしなかったのであれば，それは黙認されたものとみなされる。

最近はめっきりなくなってきたが，ちょっと前までは，不払い残業代の言い訳として，「本人が勝手に残っていただけで，指示はしていない」というものがあった。もうおわかりだろうが，それを知りながら注意や指示をしていないのであれば，それは黙認されたということである。

事業所は，指揮命令権を購入するためだけに，労働契約を締結し，毎年数百万円も支払う。しかし，実態として，指揮命令権を行使しないことで，事業所が理不尽な責任を負わされる例は少なくない。

指揮命令権は，権利という名前の義務だと考えておいた方が良いかもしれない。

しかし，指揮命令権は，わざわざ大金を支払ってまで購入した権利である。実は，絶大な権利であることを忘れてはならない。

事業所が，労働者に対し，何らかの業務上の指示命令をした場合，その労働者は，この指示命令に従う義務があるのである。指示命令に従わないのであれば，原則として就業規則の根拠が必要だが，懲戒の話になる可能性がある。内容によっては，懲戒解雇すらあり得るのである。

但し，指示命令は，事業の運営上必要なものであって，しかも合理的な内容でなければならない。個人的なお遣いを頼んだところ断られた，というケースは，指示命令違反にはあたらないのである。また，本人の人格を無視するような指示命令も無効であるので，注意したい。

6. 就業規則

最近は，就業規則の重要性を理解する事業所が増加している。その理由は，

労働紛争が増加し，その都度就業規則の重要性を思い知らされるからである。

　既に，労働法が強行法規であることから，当事者の固い約束すら無効とされることについて述べた。実は就業規則は，事業所内においては法律であり，事業所内においては強行法規である。次の条文を，既出の労働基準法第13条と比較して欲しい。

労働契約法第12条
　就業規則で定める基準に達しない労働条件を定める労働契約は，その部分については，無効とする。この場合において，無効となった部分は，就業規則で定める基準による。

　迂闊に就業規則に何らかの規定をおけば，それは労働基準法と同様に，最低基準としての効力を持つことになる。就業規則の基準を下回る労働条件で雇用することが認められないのである。

　これだけではない。就業規則は，労働契約における「契約書」なのである。もちろん個別契約書ではなく，包括的な基本契約書である。就業規則に書かれていることが，労働契約の内容だということである。そのため，就業規則は，各事業所が経営方針その他事業所にあった内容で定める必要があるのである。

　それにもかかわらず，未だに他社のパクリ，厚労省モデル就業規則をそのまま使用，いい加減な社会保険労務士に「丸投げ」で作成等の事例が後を絶たない。このような認識では，労働紛争が生じた場合に，役に立つ可能性は低い。そればかりか，就業規則がかえって事業所に害を為すことも考えられる。

　小職の経験上，就業規則を制定した場合に，最初に就業規則に反することをするのが，なんと経営者自身である。その理由は，既述のとおり，就業規則の重要性の認識がなく，また，就業規則作成のための会議等に経営者が出席して意見を述べていないからである。

　就業規則は，原則として事業所が作成する。特に最初に作成する就業規則は，一定の制約はあるものの，広範な裁量で作成可能である。就業規則は，経営者の意思を反映していなければ，意味がない。何故なら，経営者の意思に反する就業規則に経営者が縛られることになるからである。経営者の意思が反映され

ていれば，このようなことにはならないのである。

7. 各種原則

最後に，各種原則をいくつか紹介したい。

■合意原則
労働条件の変更は，原則として事業所と個々の労働者が合意しなければ変更できない。「労働条件」とは，賃金，退職金，労働時間，福利厚生その他あらゆるものが含まれる。「合意」は，「真の合意」が求められる。これが難しく，書面上形式的に合意書を得ても，裁判でひっくりかえされたりするので注意を要する。

合意原則の例外は，一方的に変更する高度の必要性があって，労使協議を重ね，変更後の労働条件に合理性や相当性が認められ，その他総合判断で認められる必要がある。ちょっと難しい。

■公平性原則
様々な局面で問題になる。パートタイム労働法は，通常の労働者と同視すべき労働者については賃金も同額だと規定しているが，これだけではない。基本的にあらゆる差別的取扱いが原則禁止だと考えておかざるを得ない。

注意したい事項として，現時点での公平性だけでないことが挙げられる。特に懲戒処分について，過去に同様の非違行為があった場合，そのときの懲戒処分の内容が，その後の懲戒処分にも大きな影響を及ぼす。言い替えると，現時点で非違行為を無罪放免すると，将来悪徳労働者が同じことをしたときも，無罪放免とせざるを得なくなりかねないということである。

■懲戒処分の各種原則
懲戒処分の話が出たので，ついでに懲戒に関する原則をいくつか確認する。
●罪刑法定主義類似の原則
犯罪とは，原則として刑法に抵触する非違行為をいうが，逆に言えば刑法に規定されていない行為は犯罪とならない。罪刑法定主義という。懲戒処分もこ

れと似ていて，就業規則に規定のない事由で懲戒処分することができない。

● 不遡及の原則

　就業規則に規定をおく前の非違行為に対しては，懲戒処分できない。非違行為の時点で有効な規則だけが根拠となり得るのである。

● 相当性の原則

　公平性の他，相当性も求められる。例えば，寝坊遅刻 1 回だけで懲戒解雇が認められるかというと，相当性が認められないというような原則である。

● 一事不再理の原則

　一度懲戒処分した事由について，再度処分することは認められない。

（「社会保険労務士の独り言」No.200，平成28年 9 月27日）

労働基準監督官による臨検監督

　社会保険労務士と関係の深い行政機関として，労働基準監督署，公共職業安定所，年金事務所等がある。すべて「しょ」という言葉で終わるが，漢字が異なる。「署」と「所」の違いである。労働基準監督署だけが，「署」である。

　「署」と言えば，「ちょっと署まで」のようなイメージが強い。この場合の「署」とは，警察署である。広く刑法に基づく犯罪を取り締まる。

　犯罪と言えば，殺人，放火のような刑法犯だけを指すわけではない。罰則の定めのある法律に違反すれば，基本的にはすべて犯罪である。労働基準法に違反した場合も犯罪であり，これを取り締まるのが労働基準監督署なのである。

　他に「署」を挙げれば，税務署がある。

　事業所にとって，警察署，労働基準監督署，税務署は，いずれも関わりたくない相手と言えるだろう。

　何故関わりたくないのか。それは，非常に表現が難しいが，「得体の知れない恐怖」があるからではないだろうか。

　得体の知れない恐怖については，その「得体」を知れば，おそらく怖くない。労働法令に精通し，無意識に法違反となるようなことが無ければ良いのである。

しかし，社会保険労務士事務所でもない限り，事業所が労働法令に精通することは事実上極めて困難である。

それでも，困難だからといって何もしなければ，そのリスクが大きすぎる。精通しなくても，ポイントを絞って対応するだけで，そのほとんどを予防することが可能なのである。

労働基準監督官による臨検監督について検討したい。

1. 労働基準監督官とは

1−1 パワハラ，解雇

労働者から「パワハラだ！ 労働基準監督署に訴えてやる！」と言われることがある。また，解雇した労働者から，「不当解雇だ！ 労働基準監督署に訴える！」と言われることもある。いずれも，あまり経験したくない話だが，経験があるという事業主は少なくない。

同じパワハラや解雇について，「弁護士に相談し，しかるべき法定措置をとる」と言われたらどうだろうか。また，同じパワハラや解雇について，ある日突然合同労組から団体交渉申し入れが届いたら，どうだろうか。

労働基準監督署，弁護士，団体交渉，いずれも好ましくないことは共通する。しかし，同じ好ましくない中にあって，その重さは個々の事案によって異なる。

弁護士に相談するというのは，よく読めない。無料相談にちょっと行ってみる程度なのか，正式に依頼し，訴訟も辞さない態度なのかわからない。

その点，合同労組から組合加入通知と団体交渉申し入れが届くことは，好ましくなさの水準がかなり高いことが明確である。ここで考えたいのが，労働基準監督署がどのような水準なのかという点である。

1−2 労働基準監督官の権限

労働基準監督署は，「労働基準」を「監督」する「署」である。

この「労働基準」とは何か。

> 労働基準法第102条
> 　労働基準監督官は，この法律違反の罪について，刑事訴訟法に規

定する司法警察官の職務を行う。

※労働安全衛生法第92条及び最低賃金法第33条も，ほぼ同じ条文が規定されている。

「この法律違反の罪」とあるが，「この法律」とは，それぞれ労働基準法，労働安全衛生法，最低賃金法を指すことは言うまでもない。ということは，パワハラや解雇が，「この法律違反」にあたるかどうかがポイントとなる。

パワハラについては，法律上明確な定義すらない。当然，労働基準法のどこを探しても，パワハラに関する規定はない。

解雇については，労働基準法第20条に，「使用者は，労働者を解雇しようとする場合においては，少くとも30日前にその予告をしなければならない。30日前に予告をしない使用者は，30日分以上の平均賃金を支払わなければならない。……」という規定がある。解雇してはならないという規定はない。解雇すること自体については，自由であることが明確な規定なのである。

以上から，パワハラも解雇も，労働基準監督官が法律違反として罰することができないことになる。

罰することができない労働基準監督署に訴えられても，（言い過ぎかもしれないが）事業所は痛くも痒くもないはずである。

ところが，仮に残業代を一切支払っていなかったとする。

この場合，労働者は，「パワハラ被害に遭い，不当解雇された。さらに，残業代も支払われていない」と訴えるに決まっている。労働基準監督官にとって，この話は，残業代不払いという点に「この法律違反の罪」の可能性が高い話しだという認識で聞くことになる。そして，残業代不払いについて，臨検監督を実施することにつながるのである。

こうなると，事業所にとっては，「得体の知れない恐怖」だけでなく，残業代を支払っていない負い目から，どれだけ酷い目に遭うのだろうかという恐怖を感じることになるのである。

1-3　平常時の労働基準監督官

司法警察官である労働基準監督官に睨まれたらたまらない。労働基準法違反

があれば，書類送検されかねない。そうなれば，起訴され，罰金や刑事罰につながる……ということになるとは限らない。

労働基準監督官は，労働基準法等違反に対する罪を取り締まる司法警察官であるが，それは最終的な職務である。平常時は，労働基準法等の違反がなくなるよう，事業所に対して指導を行う行政官なのである。労働基準監督官には，司法警察官という立場の前に，労働基準行政官という立場があり，原則として普段は行政官なのである。

一例を挙げる。労働基準監督官が残業代不払いの実態を確認したときは，労働基準法に遵って消滅時効前の過去２年分の未払い額の全額を支払わせるべきであるが，そうとは限らない。あくまでも，法違反という事実に対し，今後法違反を繰り返さないように指導することが第一となる。この場合，過去について一切不問というわけではないが，遡って支払う期間は３カ月程度の指導となることが多い。

しかし，常にそういうわけではないから，ホッとしてはならない。労働者が正式に労働基準法違反として申告すれば，過去２年分遡って支払わざるを得なくなる可能性が高いのである。

2. 臨検監督の種類

労働基準監督官による調査のことを，臨検監督という。臨検監督にも，その目的等に照らして事実上の種類がある。

●定期監督
抽出監督と言った方がわかりやすいかもしれない。偶然調査対象に選ばれたような感じの監督である。

偶然と言いつつも，例えば最低賃金達成状況の確認を目的とする監督であれば，パートを雇用している事業所が選定されやすくなるのは当然である。

また，その年の重点施策に応じて，業種や規模等によって選定されやすくなったりする。

● **申告監督（匿名）**

　労働者が匿名で労働基準監督官に申告した結果として実施される監督である。労働基準監督官は，申告があったことを伏せるため，客観的には定期監督との違いがわからない。

● **申告監督（顕名）**

　特定の労働者の申告に基づいて，主に特定事項を対象として実施される監督である。申告に基づくことが示される。仮に不払い残業代について申告があった場合は，時効との関係で過去2年分の支払いを求められたりする。事業所にとって，好ましくなさの水準が高い監督である。

● **災害監督**

　労働災害の発生状況に基づいて実施される監督で，労働安全衛生法違反の疑いに基づく監督である。有機溶剤関係の事故，工場内の機械関係の事故，高所からの墜落事故等については，事故が1回だけでもかなり高い確率で臨検監督が実施される。また，さほど大きな事故がなくても，事故が度重なった場合等も実施可能性は高まる。

　災害監督は，ある意味わかりやすい。労働災害の防止を目的とする労働安全衛生法に遵った監督である。しかし，担当する労働基準監督官によっては，ついでに労働基準法の遵守状況を調査する場合もある。

　労働基準法違反の疑いによる臨検監督は，定期監督と申告監督に区分される。しかし，見た目だけで区分すれば，「定期監督及び申告監督（匿名）」と「申告監督（顕名）」となるためややこしい。

　申告監督とは，言い替えれば「たれ込み監督」である。たれ込むのは，労働者本人とは限らない。たれ込みの約半数は，労働者本人の配偶者や親であると言われている。また，労働者本人の同僚である場合もある。

　このようなたれ込みが多数寄せられるが，そのすべてに対して臨検監督が実施されるわけではない。寄せられる情報の内容，特定の事業所に対する申告の頻度等によって選別される。労働基準監督官をかばいたくなるが，申告する者の主観に振り回される時間的な余裕が全くないのが実態である。「申告内容の客観的信憑性」は，非常に重要なのである。

ところで，本人以外のたれ込みによって実施される臨検監督は，申告監督（匿名）とならざるを得ない。たれ込みがあったことを本人が全く知らない場合もある。

　申告監督（匿名）に限らず，定期監督が実施された際，「犯人捜し」をする事業所も少なくない。しかし，犯人を突き止めたとしても，法律上何もできない。どうしても犯人捜しをしたい場合は，犯人捜しをしていること自体を秘匿し，仮に判明しても，そのことを漏らすべきでない。

　ところで，厚生労働省は，毎年４月に「運営方針」を定めて公表する。その中に，労働基準に関する重点施策も含まれる。これを受け，各都道府県の労働局が，同じような内容の運営方針を定める。もちろんこの中に，重点施策が含まれる。平成29年度福岡労働局の労働基準分野の重点をいくつか抜粋して紹介する。

長時間労働の抑制及び過重労働による健康障害防止に係る監督指導等
・賃金不払い残業の防止
・特定の労働分野（特定分野：自動車運転者，障害者，外国人労働者，派遣労働者）における労働条件確保対策の推進
・「労災かくし」の排除に係る対策の一掃の推進
・最低賃金制度の適切な運営
・労働災害を減少させるための重点業種別対策（労働災害発生件数の多い小売業，社会福祉施設，飲食店〔以上，最重点業種〕陸上貨物運送業，製造業，建設業）

　労働基準法違反がなく，労働災害もなければ，労働基準監督官はいつも多忙であるため臨検監督が実施される確率はかなり低いと言ってよい。しかし，上記重点施策に該当する場合は，何も問題がなくても臨検監督が実施される可能性が少し高まると考えてよい。

3. 労働基準に関する臨検の内容

　労働基準に関する臨検において，労働基準監督官が調査する対象として基本

となるのは，原則として次の書類である。

① 労働者名簿
② 労働条件通知書又は雇用契約書等
③ 出勤簿又はタイムカード等
④ 賃金台帳
⑤ 就業規則一式
⑥ 時間外休日協定
⑦ 健康診断結果の記録

①は，本人の履歴書の左半分に書かれた情報と，入社日が書かれた書類となる（退職者については，別途退職日と退職理由）。法定帳簿であるため，作成していなければ労働基準法第107条違反となる。

②は，雇入に際して労働条件について書面交付する義務に基づく書類である。「通知書」は事業所が作成して交付，「契約書」は事業所と本人とが記名押印する形式である。労働条件として記載する事項は法で定められているため，これらを網羅する必要がある。書面交付していなければ，労働基準法第15条違反となる。

③は，極めて重要である。形式的に書類として揃っていれば良いだけではなく，労働時間管理が適正に行われているかという視点で調査される。仮に時間管理していなければ，指導票が交付されることになる。最も重要な事項は，労働時間数となる。まず最初に，締結した時間外休日協定の範囲内かどうかという調査であり，協定を超えていれば労働基準法第32条，第36条違反となる。さらに，超えすぎていれば，過重労働の疑いということで指導票が交付されることになる。

④は，単に賃金と控除についての記載だけでなく，「賃金計算の基礎となる事項」の記載を要する。③の労働時間管理ができていなければ，そのまま④において労働基準法第108条違反となる。また，不払い残業があれば，労働基準法第37条違反となる。なお，同時に最低賃金の確保についても調査する。

⑤は，作成変更等の届出についての調査となることが多い。適正な届出が行われていなければ，労働基準法第89条違反となる。また，賃金（特に残業代）計

算根拠の確認資料として用いられることも少なくない。

⑥は，既述の時間外労働の時間数について，協定の上限時間の確認として使用される。未協定である場合で残業の実績があれば，労働基準法第32条違反となる。一昔前までは未協定でも指導を受けてから締結してもさほど問題にならなかったが，かなり時代が変わった。

⑦は，健診結果の有所見者に対するその後の措置について確認する。何もしていなければ，労働安全衛生法第66条の4違反となる。

労働法においては，「50名の壁」が非常に大きい。労働者数が常時50名未満であれば小企業，常時50名以上であれば大企業であるかのような取り扱いである。50名以上の事業所については，さらに次の事項が加えられる。

① 産業医，衛生管理者，安全管理者の選任
② 衛生委員会の議事録
③ 定期券健康診断結果報告
④ ストレスチェック実施報告

建設業の場合等，①について必ずしも50名基準でないケースもある。しかし，特に現在40〜49名の事業所や，それよりも少ない場合でも今後大幅な増員を考えている事業所は，労働法の「50名の壁」は認識しておかなければならない。

---

4. 是正勧告，指導票

4−1　是正勧告書

臨検の結果，法違反が認められたときは，是正勧告書が交付される。是正勧告とは，法違反があるため指定期限までに是正するよう勧告する行政指導である。

ちなみに行政指導に対しては，法律上従う義務はない。だからといって従わずに放置すれば，どうなるだろうか。行政官として是正勧告した労働基準監督官は，いつでも司法警察官の立場に変わることが可能であることを忘れてはならない。是正勧告を無視することは，最終的に書類送検される覚悟が必要であ

ることを意味する。書類送検されれば，ほぼ間違いなく公表され，新聞等でも報道され，新聞報道はそのままネットに掲載されるのである。事業所の運命を賭けて無視するよりも，おとなしく従った方がよいに決まっている。

是正勧告書には，是正後の報告期限が指定される。万一指定期限までに是正できない場合はどうしたらよいだろうか。

各種行政に共通すると思われるが，結果として酷い目に遭う対応ランキング第一位は「無視」である。是正できなかったとしても，何も報告しないことが最もよくないのである。

この場合のベターとされる対応は，できるだけ指定期限ギリギリでなく早い段階において，まずは電話等で指定期限までに間に合わない旨相談することである。その上で，指定期限までに，①どの程度是正できて，②あとどのくらいですべて是正できるか，について報告することが重要である。

是正勧告に対する是正報告は，労働基準監督官にとって上長に完了報告しやすい内容がベストである。是正勧告の内容に応じて異なるが，単に報告書を作成するだけでなく，添付書類を要することが少なくない。未払い残業代の支払い勧告であれば，当然に振込控え又は領収証を添付する。雇入時の書面交付勧告であれば，作成した交付書面を添付する。

是正報告で，最もやってはいけないことは，「虚偽の報告」である。次にやってはいけないことは，一瞬是正し，すぐに元の違法状態に戻ってしまうことである。

臨検監督が実施された事業所に対しては，一定期間経過後に再監督が行われる可能性が少なくない。再監督の際に前回の是正勧告において是正報告したにもかかわらず，その後において以前どおり違法状態であることが発覚したら，どうなるだろうか。「是正勧告を受けたにもかかわらず，その後においても違法状態である悪質な事業所」だと認定されるのである。書類送検される可能性が生じるし，悪質さの度合いによっては，この時点で書類送検されかねない。

4－2　指導票

臨検の結果，明確な法違反ではないが，今後のため必要と認められる事項について，指導票が交付される。指導票とは，法違反ではないが，指定期限までに改善を求める行政指導である。

時間外休日協定を超える時間外労働の実態がある事業所に対しては，ほぼ確実に過重労働をなくすために必要な措置をとることを求める指導が行われる。それも，単に残業時間数を減らすという結果を求めるだけでなく，残業時間数を減らすために必要な取り組みを検討して実施することが求められる。実質的に，是正勧告書と比較して指導票の方が対応が大変だったりすることが多いといえる。

4－3　臨検監督を機に適正化

　ピンチはチャンスである。小職は，臨検監督の結果として，よい方向に生まれ変わった事業所をいくつも見てきた。

　例えば，それまで不可能と考えていた労働時間短縮が，この機会を生かして実現できる可能性があるのである。

　事業所にとって長時間労働は，①協定超えによる違法状態，②高額の残業代支払い，③労働者疲労蓄積による能率の低下，④労働者離職率の増加，⑤過重労働による損害賠償責任リスク等，何一つ良いことがないのが現実である。しかし，労働基準監督署からの指導により，やむを得ず対応したとしても，労働時間が短縮するなら，①協定内の合法状態，②残業代支払いの減少，③労働者の健康増進，④労働者定着率の向上，⑤過重労働による損害賠償リスクの解消，につながるのである。

　必ずしもすべての事業所に当てはまるとまでは言わないが，99％の事業所において，長時間労働の削減が可能である。多くは，経営者が，削減の可能性が無いと誤信していたり，削減可能な部分であっても営業優先の結果として削減していないだけである。しかし，小職の経験において，売上減少に伴って労働時間短縮となる例はあっても，労働時間を短縮した結果として，売上が減少した事業所は知らない。トップの考え方一つで，適正化が可能なのである。

（「社会保険労務士の独り言」No.213，平成29年10月21日）

採用難，雇ってもやる気はなく
流出リスク……

労働法の原則

▶参照記事①：『日本経済新聞』平成29年 6 月30日付夕刊
　「求人倍率，正社員で最高　5 月0.99倍　人手不足，一段と拍車」
▶参照記事②：『産経新聞』平成29年 6 月17日付
　「「私事」ファースト　給料少なくても残業ない方が良い」

　採用できない悩みを抱える事業所が増えている。悩んでも仕方がない背景がある。5 月の有効求人倍率は，1.49倍と昭和49年 2 月以来43年 3 カ月ぶりの高さを記録したのである。中でも正社員の有効求人倍率は0.99倍で，平成16年の調査開始以来最高記録である。従来どおり普通に求人しているだけなら，応募がないのは当たり前のことなのである。

　有効求人倍率が約43年ぶりとなる数値は，驚くべき数値である。約30年前の「あの」バブル期よりも，人が採用できないことを意味しているのである。バブル期においては，団塊世代が40歳前後であったが，今は70歳前後となった。ここ10年くらいは60歳定年から65歳継続雇用へのシフトがあったが，70歳前後となればこれも超越してしまったのである。そして，この30年間においても少子化が継続し，根本的に労働力人口が減っているのである。だから，人材採用が困難だからといっても，それが好景気だというわけではないのが悲しい現実である。

　仕事があっても，対応できる人員が確保できないという話もよく聞くようになった。私見は，無理に人員を確保するよりも，現在の人員で可能な範囲で対応するという選択肢も考慮して欲しいと考える。30年前は，特に新卒の超売り手市場に象徴される大量採用時代であった。しかし，すぐにバブル崩壊し，大量採用された労働者はそのままリストラ対象者となった歴史がある。あの時代だから，それなりにリストラもできた。しかし現在は，労働法上の権利意識が異常なほど高まっており，簡単にリストラもできない時代である。初任給を引き上げるなどして無理して採用し，数年後に仕事が減ったらどうするかも視野

29

に入れておきたい。

　話は変わるが，かつての「モーレツ社員」を今風に言うと「仕事ファースト」だとすると，平成29年春の新入社員は「私事ファースト」ということらしい。西日本FH子会社による，九州と山口県の新入社員を対象に実施した意識調査の結果である。「給料は少なくても残業はない方が良い」との回答が56.2％で５年連続で増加。平成24年の初回調査では「残業は多くても，給料が多い方が良い」が55.8％を占めていた。わずか５年で大逆転である。会社に求めるものは「十分な休日や余暇の時間」，就職しても「自分に向かなければ転職したい」が過去最高を記録するなど，事業所への貢献等の意識はほぼ皆無である。採用難であるが，やっと雇っても期待できない……，しかし，採用難だから，雇用した以上は流出しないよう魅力ある事業所環境を整備せざるを得ないのである。

外国人アルバイト雇用はご用心

►参照記事：『日本経済新聞』平成29年11月29日付夕刊
「ラーメン店「一蘭」捜索　福岡の本社など　不法就労の疑い」

　ラーメン店「一蘭」の福岡本社及び大阪の店舗に，大阪府警の捜索が入った。容疑は，外国人留学生雇用に関する不法就労助長罪である。外国人留学生は，「留学」を目的として入国を認められているのであって，原則として就労はできない。しかし，入国管理局から資格外活動許可を受ければ，１週間あたり28時間以下の労働時間に限ってアルバイト等をすることが認められる。飲食店やコンビニエンスストアで外国人アルバイトをよく見かけるが，ほとんどがこの資格外活動許可に基づくものだと考えてよい。

　週28時間が上限という点に注目したい。昼間学生であれば雇用保険は適用除外であるが，社会保険は学生であるかどうかは無関係である。しかし，週30時間未満の場合は社会保険は原則適用除外とされ，501人以上の企業の20時間以上30時間未満でも昼間学生は適用除外である。従って，外国人留学生が資格外

活動で就労しても，雇用保険も社会保険も適用されないのである。しかし，落とし穴がある。雇用保険適用除外であっても，外国人を雇用した場合は，公共職業安定所に届出が必要とされている。この届出は，平成19年から導入された手続だが，一蘭はこれを怠っていたようである。

　一蘭が捜索対象となった理由は，雇用するベトナム人女性が入管法違反で逮捕されたことによる。記事によると，3月に学校を除籍となったため，その後資格外活動として就労できないにもかかわらず4～11月の間不法就労したという。一蘭が，この期間に本人の在留カード確認等を全くしなかったのか，学校除籍の事実を知りながら働かせたのかはわからない。しかし，いずれにしても，不法就労助長罪として送検される可能性がある事案である。採用時はきちんと在留資格を確認し，その後学校を除籍となったことを全く知らなかったのであれば，欺された側のように思われがちだが，約8カ月間もの長期間において在留資格の確認を怠ったのであるから，言い逃れできないといえる。

　外国人を雇用する際は，必ず在留カードの現物を確認しなければならない。さらに，留学生の資格外活動である場合は，いつの間にか退学等している可能性も考えられるため，定期的なチェックが必要である。仮に退学等の場合は，本人は入国管理局への報告義務はあるが，勤務先への報告を義務づける法律はない。事業所は，本人が退学したことを本当に知らなかったとしても，不法就労助長罪を問われることがあるのである。不法就労助長罪は，3年以下の懲役又は300万円以下の罰金という重い犯罪とされている。

　それから，雇用保険適用除外の外国人アルバイトであっても，雇用及び離職の際に公共職業安定所への届出を忘れないように行いたい。

神職は「労働者」にあたるか

　神職が「労働者」にあたるかと問はれたとき，多くの日本人は強い違和感を覚えるのではないだらうか。日本語として労働者とは「労働する者」の意であるが，神職は神のみこともちとして奉職する者である。およそ結びつかない。

しかし，神職も「職業」の一種であることまでは否定し難い。もしさうなら，法的には「労働者」に含まれる可能性が考へられる。

労働基準法第九条は，「この法律で『労働者』とは，職業の種類を問はず，事業又は事務所に使用される者で，賃金を支払はれる者をいふ」と規定する。要点は，「使用される者」「賃金を支払はれる者」の二つである。

「使用される者」とは，「使用者の指示命令に従って労務を提供する者」といふやうな意である。神社の指示に従って職務遂行してゐる場合は該当する。多くの神職は，これにあたるだらう。

一方，神職でも宮司の場合は指示を受けない使用者側だから該当しない。「賃金を支払はれる者」の「賃金」は，給与，俸給，手当等の名称を問はないとされてゐる。「無給」なら該当しないが，「有給」なら該当する。以上から，宮司の立場である場合を除き，神職は奉職先神社の「労働者」になりさうである。

宗教関係者の労働者性について，古い行政解釈（通達）がある（昭和二十七年二月五日基発四九号）。

（イ）宗教上の儀式，布教等に従事する者，教師，僧職者等で修行業中の者，信者であって何等の給与を受けず奉仕する者等は労働基準法上の労働者でないこと。
（ロ）一般の企業の労働者と同様に，労働契約に基づき，労務を提供し，賃金を受ける者は，労働基準法上の労働者であること。
（ハ）宗教上の奉仕あるいは修行であるという信念に基づいて一般の労働者と同様の勤務に服し報酬を受けている者については，具体的な勤務条件，特に，報酬の額，支給方法等を一般企業のそれと比較し，個々の事例について実情に即して判断すること。

通達（ハ）の解釈がやや悩ましい。神職が，生活のため賃金を得る目的ではなく，奉仕あるいは修行であるといふ信念に基づいて奉職する場合は，労働者に該当しない余地がある。「たとひ無給でも奉職する」といふやうな信念が認められる場合である。しかし，このやうな事例は稀有だらう。毎月それなりの報酬を得てゐれば，労働の対償とみなされて労働者にあたることになるのである。

このことは，神職でも時間外労働，各種法定休暇，解雇規制等労働法上のす

べての基準が適用されることを意味する。これが問題なのである。実際，残念ながら近年は神職が労働法上の権利を主張する事例が増加してゐる。未払ひ残業代請求，解雇無効確認，パワハラ慰藉料請求等である。神社は「性善説」が基本であるが，このことで逆に足下を掬はれかねない状況だといへる。このやうな社会背景を強く憂慮するが，一方で，神社はあらかじめ可能な法的予防措置を講じておく必要性があるといふことである。

（『神社新報』平成28年 8 月29日付）

神職も僧侶も労働基準法上は労働者

▶参照記事：『日本経済新聞』平成29年 4 月27日付
「真宗大谷派，残業代未払い　男性僧侶 2 人に660万円」

　東本願寺を本山とする真宗大谷派が，未払い残業代として僧侶 2 名に対して660万円を支払った。昭和48年に職員組合と「時間外割増賃金は支給しない」と明示した覚書を交わしており，少なくとも40年以上残業代は支払われていなかった。平成27年11月から，きょうとユニオンとの団代交渉が始められ，最終的に残業代支払いに応じることになったようである。記事は 2 名だけだが，他の職員には支払わないのだろうか。疑問が残る。

　対象僧侶 2 名は，平成25年 4 月から勤務し，平成29年 3 月末に雇止めとなった。僧侶 2 名が雇止めを不服と考えていれば，さらに団体交渉による要求が行われている可能性も考えられるが，「取引」として雇止めと残業代支払いを交換条件に妥結した可能性も考えられる。

　労働基準法は，労務を提供し，賃金支払いを受ける者はすべて労働者と位置づけている。僧侶も神職も，労働基準法上は労働者の範囲に含まれてしまう。真宗大谷派は，40年以上前にわざわざ残業代を支払わない旨職員組合と覚書を交わしていたことから，僧侶も労働者にあたることは認識していたのだろう。しかし，労働基準法が「強行法規」であることまでは認識していなかった。当

事者がどのような取り決めを確約したとしても，労働基準法に抵触すれば，その部分はすべて無効となるのである。そうは言っても，昭和48年である。現在の感覚でいえば「違法な覚書」の一言ですまされてしまうが，当時は残業代を支払う方がむしろ例外のような時代だった。実際，それから40年以上にわたって，真宗大谷派はそのまま残業代を支払わない運用を続けてきたのである。民間事業所において労働法に対する意識が大きく変化したが，僧侶という点においてどこか自分たちの業界は別世界のような感覚もあったと推測される。

　今回の事案は，全国の僧侶や神職に大きな影響を与える可能性がある。僧侶や神職の業界は，例外もあるであろうが，世襲制であったり年功序列であったり，旧態依然とした業界といって差し支えない。しかも狭い業界であるため，職員もできれば問題を起こしたくない。労働法に対する感覚も，実際に職員（神職や僧侶である職員）に訴えられでもしない限り，なかなか変わらないし変えようとしない。そういう意味では，今回の真宗大谷派の事案は，痛い目に遭う前に改善するための良い機会とも言える。「職員の善意を信じる」と言えば聞こえは良いが，労働法の観点からいえば，法令違反でありながら，職員による訴えや内部告発をしないことを神仏に祈っているようなものである。崇敬者のためにも，神社仏閣はその歴史と威厳を守るため，労働紛争で被害を受けないよう，日頃から意識的に取り組む必要があるといえる。

十七条の憲法の視点で労働法改正を

　日本は「和の国」と言われます。大きな和で大和。これを「ヤマト」と読みます。日本を「ヤマト」と読むこともあります。やっぱり日本は和の国なのです。

　和と言えば，何と言っても「和を以て貴しと為す」で有名な聖徳太子の十七条の憲法でしょう。1400年も前に制定された日本人の原点となる考え方だと言っても過言ではありません。そしてその内容は，当然のことか，驚くべきことか，今も十分通用するのです。

残念なことに現在は労働紛争が絶えません。双方に言い分はあるでしょうが，原則として労働法は労働者だけを保護します。その結果，「問題社員」「モンスター社員」「ブラック社員」などと呼ばれる労働者による「義務の遂行なき権利主張」が目立つようになりました。

これら問題社員らへの対応について十七条の憲法で考えてみたいと思います。

第1条は有名な「以和為貴」で始まり「皆で話し合って決めれば自然と理にかない，何事もうまくいく」という意味で締められています。1400年も前の為政者の文とは思えぬほど民主的ではありませんか。

労働法は，一人の労働者の権利を保護するためならば，事業所や他の労働者の迷惑等を省みることはありません。多くの人が理にかなっていないと認めていても法規制が優先されます。

その結果，一人の問題社員のために事業所全体が振り回される例が増えてきました。「弱者救済」と言えば聞こえはよいですが，果たして弱者なのでしょうか。このことに法は関知しません。事業所全員で話し合い，大多数の者が同様に考える結論があれば，それが労働法規制に反していても，本来は理にかなっているというケースが多いように思えてなりません。

第6条は「懲悪勧善」を定めます。「悪を懲らしめ善を勧める。昔からの良い習わしだ。これにより人の善は隠さず，悪を見たら必ず正すこと」という内容です。そして第11条は「明察効過。罰賞必当」。大意は「功績と過失をよく調べ，必ず賞と罰を行うこと」です。

労働法は，かなりひどい非違行為でもない限り，懲戒解雇を認めません。軽い懲戒でも「懲戒権の濫用だ」とか主張する人がいて，裁判所がその主張を認めることも多々あります。非違行為をきちんと反省する心があれば，このような主張には結びつかないはずですが……。

やはり十七条の憲法のような勧善懲悪の精神が背景がなければ，悪がはびこり，正直者が馬鹿をみる世の中になるのではないでしょうか。損得勘定だけが幅を利かし，道徳が廃れてしまい，日本が日本でなくなる危険さえあります。

労働法は，個人の権利を厚く保護し，事業所全体の利益はほとんど配慮しません。懲戒について「皆で話し合って決めて」も，法が横槍を入れます。その結果，事業所と多くの誠実な労働者に過度な労務管理対応を強いているのです。一部の労働者の保護のため，多くの労働者に犠牲を強いるのであれば，何のた

めの労働法なのか分かりませんよね。

　やはり本来の日本人の和の精神に立ち戻り，日本人に合った法改正が必要不可欠だと言えます。そして法改正の参考となる一つが，十七条の憲法ではないか。そう考える次第です。労働者への対応は，勧善懲悪を基本にすべきです。そして，その前提として「和」を形成し，これを維持発展させる不断の努力が必要なのです。

(『産経新聞』雇用のプロ安藤政明の一筆両断，平成25年12月19日付)

学校教育は「人間」を育む場であることを希う

▶参照記事：『日本経済新聞』平成29年5月8日付夕刊
「高校で労働法令授業　厚労省が教員向け冊子」

　厚生労働省が，高校で労働法令の授業の普及を目論んでいる。労働法令を学ぶのであれば，同時に労働に対する心構えや実際の労働を学ぶ必要があると考えるが，労働法令だけを学ぶのである。子供の成長に伴って，初めてお小遣いをあげる前に，民法の契約法を学ばせるようなものである。大きな違和感を禁じ得ない。

　厚労省が作成した冊子に掲載されている事例として，次のようなものが紹介されている。「社会人1年目の会社員が，残業代が支払われないため上司に文句を言ったところ解雇された」というケースで，この会社員を守るためにどのような法律が必要か考えさせるという内容である。簡単に解答が推測できるが，解雇を無効とする法律が必要だという話に持っていきたいのだろう。このような教育によって，どのような日本人を育てたいのだろうか。「法律上の権利を主張する力」なのか。権利，権利。同時に義務があることを教えないのであれば，それは配慮不足である。とにかく解雇が認められないという潜在意識を育てるだけで，労働による社会貢献のような観点は全くない。

　この事例の会社員が，①ミスを繰り返し，他の者は所定時間で終業できるの

に一人だけミスをやり直したため残業になったケース，②所定労働時間中に居眠りばかりして働いていなかったケース，③固定給に残業代が含まれる契約だったケース，④「文句」の内容が，上司に対して身体的危害を加える予告であったケース等の様々な設定をして，それぞれのケースについて考えさせるべきであろう。法律上は，①④はそれでも残業代は支払わざるを得ない。しかし，能力不足又は違法な発言を理由とする解雇は有効とされる可能性が考えられる。②は残業代自体も支払う必要がなさそうだし，解雇も有効とされる可能性がある。③は説明不足も考えられるため，これだけで解雇は認められにくいと考えられる。どうしても高校生に労働法を学ばせるなら，このようなことを考えさせるべきである。そうすれば，解雇規制にも矛盾を感じる者も出てくるだろうし，客観的視点を育むだろう。

　私見は，労働法の前に，道徳教育を充実させるべきだと考える。採用の面接に時間になっても無断ですっぽかす者，自分のことばかり主張して組織の方針等を考えようともしない者，退職の意思表示もせずある日突然来なくなって携帯に連絡しても返信すらしない者，ミスを注意しただけで「パワハラだ」と主張する者……挙げたらキリがないが，不道徳な労働者が多く，しかもこのような者に限って労働法上の権利を主張するので困っている事業所が少なくないのが実態である。これは事業所の悩みというレベルではなく，国家全体の損失であり，日本人全体の資質の低下である。学校教育は，権利を教える場でなく，「人間」を育てる場であることを希う。

労働時間

どこまでが「労働時間」なのか

　今度は宅配最大手のヤマト運輸が，書類送検された。

　送検理由は，①時間外協定を超える違法な長時間労働をさせたこと，②残業代の一部不払い，である。

　ヤマト運輸は，既に判明した過去の不払い残業代の支払いに応じていた。それでも一部不払いがあったということである。

　勝手な推測であるが，①上司からの圧力で申請できなかった部分，②労働時間の計上漏れ，③給与計算ミス等の理由が考えられる。仮に③なら，単なるミスであり送検理由とならない。おそらく①か②が理由であろう。

　最近は，長時間過重労働に対して社会の目が殊更厳しい。そのため，事業所も過重労働とならないよう，労働時間短縮のため様々な対応をしている例が多い。

　このこと自体は，事業所にとって将来のリスクを抑制するため必要な対応であり，問題ない。しかし，残念ながら，根本的な事項である「労働時間の算定方法」に問題があるケースが少なくない。

　「労働時間」という言葉は，労働した時間と考えるのが普通だろう。法律上の取扱いも，この普通の感覚と合致していれば，何も問題は生じない。しかし，問題が生じてしまうのが現実なのである。

　労働時間の算定方法が誤っているとすれば，そのほとんどが「本来労働時間として計上しなければならない時間の計上漏れ」である。

　仮に時間外労働を削減し，一定時間以下にすることができたとしても，計上漏れの部分を加算すると一定時間を超過してしまったりするのである。

　さらには，記録された労働時間が実態と異なることで，「労働時間隠し」となり，悪質な事業所と判断される可能性も考えられる。

　どこまでが「労働時間」なのか，検討したい。

1. 大原則とされる最高裁判断と作業着・制服等の着替え時間等

まず最初に,「労働時間」とは何であるか確認したい。

日本語としての労働時間とは,「労働する(した)時間」であることは間違いない。従って,所定労働時間中においても,実際に働いていなければ,労働時間とは言わない。これが常識である。

しかし,法律上の取扱いは常識では通じない。

法律上の取扱いとして確立されている最高裁判例を引用する。

三菱重工業長崎造船所事件(最高裁平成12年3月9日判決)

　労働基準法32条の労働時間とは,労働者が使用者の指揮命令下に置かれている時間をいい,上記の労働時間に該当するか否かは,労働者の行為が使用者の指揮命令下に置かれたものと評価することができるか否かにより客観的に定まるものであって,労働契約,就業規則,労働協約等の定めのいかんにより決定されるべきものではないと解するのが相当である。そして,労働者が,就業を命じられた業務の準備行為等を事業所内において行うことを使用者から義務付けられ,又はこれを余儀なくされたときは,当該行為を所定労働時間外において行うものとされている場合であっても,当該行為に要した時間は,それが社会通念上必要と認められるものである限り,労働基準法上の労働時間に該当すると解される。

労働時間にあたるかどうかは,「使用者の指揮命令下」に置かれているかどうか,ただこの一点で判断されるのである。実際に働いているかどうかは問わない。

本事案においては,具体的には,始業時刻前と終業時刻後の作業服や保護具の着脱等の時間の取扱いについて判断されたもので,労働時間とされた。

1-1　着替え時間

ここからが問題であるが,この最高裁判例が悪い方向に拡大解釈され,「作業着や制服に着替える時間は労働時間だ」と主張する者が増加した。

しかし，判決文をよく読んで欲しい。「業務の準備行為等を事業所内において行うことを使用者から義務付けられ，又はこれを余儀なくされたとき」において労働時間とされているのである。言い替えると，事業所内において行うことを義務づけられず，かつ，余儀なくされてもなければ，労働時間にあたらないと解されるのである。

　仮に製造作業員を多数雇用する工場において，作業服を着用して就業することが義務づけられているとする。また，販売員を多数雇用する店舗において，制服を着用して就業することが義務づけられているとする。いずれの場合も，事業所内で着替えることが義務づけられていなければ，労働時間にあたらないと解することが可能となる。現実に，自宅で着替えて出勤している労働者が存在するのであれば，より労働時間性が否定されることになる。

　まとめると，着替え等の時間は，①事業所が事業場内において着替えることを義務づけている場合，②客観的にみて事業場内で着替えざるを得ない事由が認められる場合，のいずれかに該当する場合に労働時間に該当するものと考えられる。

　事業所としては，労働時間として取り扱われないようにするためには，①着替えは，自宅で着替えても事業所内で着替えても自由であることを明示すること，②事業所外での着替えが不可能と考えられるものを着用させないこと，の2点が重要な対策となると言える。

1－2　準備行為

　着替え時間を採り上げたが，判決分では「業務の準備行為」とされている。

　準備行為としてよくあるのが，清掃，点呼，朝礼，ミーティング等である。

　これらの判断基準も，既述の着替えの場合と同様である。①義務づけの有無，②余儀なくされているかどうか，である。

　清掃，点呼，朝礼，ミーティングのいずれも，実施又は参加が義務づけられている場合は，労働時間となる。仮に義務づけられていなくても，実施又は参加を余儀なくされていれば，労働時間となる。

　労働時間となる場合，それを始業時刻前に行わせれば，当然にその時刻から労働時間として計上しなければならない。

少し話が逸れるが,「早出残業」という用語を使用する例がある。終業時刻後の時間外が残業で, 始業時刻前は早出残業とする考え方である。

　これ自体を否定する必要まではないが, 厳密にいうと問題がある。そもそも「残業」とは「残って業を行う」ことであるから, 出勤直後の始業時刻前は早出であっても残業ではない。

　そもそも法律上の労働時間は, 始業時刻から終業時刻までをいう。所定始業時刻より前に始業開始した場合, その実際に始業開始した時刻が始業時刻となるだけである。

　例えば, 所定労働時間が9時から18時だとする。このケースにおいて, 8時45分から始業開始すれば, 始業時刻が8時45分となるだけである。そして, 原則として8時45分から法定労働時間である8時間（別途休憩1時間）を経過した17時45分以降が, 法定時間外労働として2割5分以上の割増賃金の対象となるのである。

　仮にこの場合において, 17時で早退したとする。この日の労働時間数は7時間15分となり, 1分たりとも時間外は発生しないことになる。所定始業時刻前の15分の「早出残業」は, 消滅してしまうことからもご理解いただけるだろう。

　話を元に戻す。清掃, 点呼, 朝礼, ミーティング等を所定始業時刻前に行うと, 結果的に労働時間が増えることにつながることになりかねない。仮に労働時間として計上していなかった場合は, 後日この部分の不払い残業代の請求を受けるリスクがある。

　清掃は任意だとしている場合は, 労働時間とならない可能性が高い。しかし, 本当に任意であれば, 清掃する者としない者とに区分されることにもなりかねない。こうなると, 労働者間のコミュニケーションに深刻な影響を与えかねない問題がある。

　私見は, 所定始業時刻から清掃を開始するか, 又は清掃当番を定めて当番者のみ労働時間として取り扱うとよいと考える。

　点呼, 朝礼は, 多くの場合は自由参加というわけにはいかないだろう。仮に自由参加とされているとしても, 実態として本当に自由が保障されていなければ, 自由参加であることが認められない。

　これらについては, 始業時刻後に行うべきであろう。

最後にミーティングであるが，これは少々難しい。全体ミーティングであれば基本的にすべて労働時間とされるだろうが，個別の場合は，個々の諸事情を判断するしかない。

始業時刻前に，ある二人の労働者が現在問題となっている顧客について打ち合わせ等をした場合はどうなるだろうか。基本的には，義務づけられてもいないし，余儀なくされてもいない限り，労働時間にはあたらない。しかし，前日等に上司から「明日の始業時刻までに打ち合わせしておくように」等の指示があった場合であれば，労働時間となり得る。

以上のとおり，始業時刻前の準備行為について確認した。終業時刻後の後始末，清掃，ミーティング等についても，同様の判断の仕方となる。

---

2. 教育，研修の時間

いかなる事業所においても，未経験者を新たに雇用したときは，何らかの教育，研修等が必要になる。また，その後の人材育成のためにも，教育，研修等は有意義である。問題は，これらが労働時間にあたるかどうかという点である。

まずわかりやすいのが，所定労働時間内において，上長等によって行われる教育，研修等である。所定労働時間内は事業所の指揮命令下にあるため，事業所の指揮命令権に基づいて教育，研修等を実施するわけであり，明らかに労働時間となる。

指揮命令下であって労働時間になるわけであるから，労働者は正当な理由なく教育，研修等を拒否することはできない。正当な理由なく拒否するのであれば，業務命令違反であって，個々の事業所の就業規則にもよるが，懲戒事由となり得るところである。

問題となるのは，所定労働時間外や所定休日に行われる教育，研修等である。行政解釈を引用する。

> 昭和26年 1 月20日基収第2875号，平成11年 3 月31日基発第168号
> 　労働者が使用者の実施する教育に参加することについて，就業規則上の制裁等の不利益取扱による出席の強制がなく自由参加のものであれば，時間外労働にはならない。

ポイントは,「出席の強制の有無」である。古い通達なので,少し表現を変えると,「参加義務の有無」である。

ここで,よくある「事業主の主張」がある。「強制していない」,「義務はなく自由参加」等である。自由参加であるかどうかは,形式的に定まるものではなく,客観的な「実態」で判断される。自由参加なのに全員が参加している場合や,参加しなければ賞与査定でマイナスする場合等は,客観的に自由参加とは判断されないだろう。

特に所定休日において長時間行われる研修等が労働時間とされると,事業所にとっては不都合であろう。言い替えると,このような研修は,自由参加を前提として実施するべきであり,実際に受けて欲しい人が受けないと意思表示した場合は,受けさせてはならないのである。現実問題として,受けたくない人に受けさせても,研修効果も期待できないと考えてよいだろう。

ところで,仮に本当に参加義務がなくても,労働時間として扱わなければならない研修もある。

> 昭和47年9月18日基発第602号
> 　労働安全衛生法第59条および第60条の安全衛生教育は,労働者がその業務に従事する場合の労働災害の防止をはかるため,事業者の責任において実施されなければならないものであり,（中略）安全衛生教育の実施に要する時間は労働時間と解される。

■**労働安全衛生法第59条の安全衛生教育**（原則として全事業所）
　・雇入時研修
　・作業内容変更時における研修
　・危険有害業務の特別研修

■**労働安全衛生法第60条の安全衛生教育**（政令で定める業種のみ）
《対象業種》①建設業,②製造業（食料品,たばこ,繊維工業,新聞業,出版業等を除く）,③電気業,④ガス業,⑤自動車整備業,⑥機械修理業
　・作業方法の決定および労働者の配置に関する教育

・労働者に対する指導又は監督の方法に関する教育
・労働災害防止のために必要な措置に関する教育

3. 法定健康診断の時間

　法定健診は，所定労働時間内に実施する事業所が多い。その結果として，小職は健診時間に相当する賃金を控除して支払っている実例に遭遇したことがない。言い替えると，多くの事業所は，労働時間として扱っているようである。

　前掲通達では，「労働者一般に対して行われる，いわゆる一般健康診断は，一般的な健康の確保をはかることを目的として事業者にその実施義務を課したものであり，業務遂行との関連において行われるものではないので，その受診のために要した時間については，当然には事業者の負担すべきものではない」とされている。

　要は，労働時間にあたらないのである。

　時間外協定の上限時間数を守るのがやっとだという水準の事業所は，原則として年に一度だけ，それも1〜2時間程度ではあるが，きちんと管理して労働時間から除外することも検討する価値があるかもしれない。

　一方で，教育，研修等と同様に，特定有害業務に従事する労働者に対する特殊健康診断については，労働時間とされている。

4. 手待ち時間等

　いわゆる「不活動時間」でありながら，労働から完全に解放されていない状態を，手待ち時間という。

　飲食店等の営業時間における客待ち時間，イベントの準備行為完了後イベント開始時刻までの時間，客待ちタクシーの停車時間，警備員の仮眠時間，作業合間の空き時間，あまり電話がない事業所の昼休みの電話当番等が該当する。イメージとして，「何か発生すれば，すぐに対応する必要がある」状態といえる。

　労働基準法上の労働時間とは，既述のとおり「使用者の指揮命令下にある時間」である。ある特定の場所にいることが義務づけられていれば，その場所において実際に行う業務が無い場合であっても，指揮命令下にある（＝労働時間）

と評価される。

　ところで，同じ場所に複数の労働者がいるケースや，特に場所にこだわる必要も無いようなケースにおいては，指揮命令下にない（＝労働時間でない）状態とすることができる可能性が考えられる。

　指揮命令下にあるかどうか判断するにあたり，手待ち時間の性質から，「すぐに対応することが求められているかどうか」という視点が重要となる。

・即時対応を求めない（携帯電話を切っても問題ない）
・複数名の労働者が存在し，即時対応担当者が指名されている
・即時対応しなくても問題にならない
・場所的拘束をしない（外出や出入りが自由）

　以上のすべてを満たすケースであれば，労働時間とならないと考えられる。ただ現実問題としては，困難なケースが多いだろう。2名以上の労働者を同じ場所で手待ちさせることが多い事業所であれば，何らかの対応ができるかもしれない。

5. 出張の往復時間

　出張の往復時間は，その往復の道中において監視その他何らかの「特命」がない限り，労働時間とならない。

　交通機関に乗車中においては，労働者は好きな本を読むこともできる。自ら運転する場合であっても，途中で寄り道しても遅刻しない限り問題ない。このとおり，非常に通勤時間と類似するのである。

　裁判例も，「出張の際の往復に要する時間は，労働者が日常の出勤に費やす時間と同一性質であると考えられるから，右所要時間は労働時間に算入されず，したがってまた時間外労働の問題は起こりえないと解するのが相当である」としている（日本工業検査事件，昭和49年1月26日判決）。

　ところで，出張は業務命令で行われることが原則である。従って，労働時間にあたらないからといっても，所定労働時間の賃金を控除することまではできない。

出張の考え方は，直行や直帰においても同様に考えてよい。直帰の場合，現場で業務を終えた時刻が終業時刻となり，そこから自宅まで帰る時間は労働時間ではなく通勤時間となる。

6. 勝手な残業時間

よくある「勝手な残業」であるが，これは難しい。

仮に労働者が勝手にダラダラ残業していたとしても，そのことを知り得る状態にあり，特に注意等もしなかった場合は，原則として労働時間となる。

三菱重工業長崎造船所事件の最高裁判例が示すとおり，労働基準法上の労働時間とは，「指揮命令下にある時間」とされる。

労働契約とは，労働者が使用者の指揮命令に服することを契約するものであるから，指揮命令に従う義務がある。従う義務があるが，指揮命令がなければ，従うべき何かがない状態となってしまう。

指揮命令権という事業所の強力な権利があるのに，これを行使しなければ「権利の上で眠る者」であり，保護されない。即ち，勝手にダラダラ残業している労働者に対し，指揮命令権をもって注意指導をすれば良いのに，これをしないのであれば，労働時間となるという考え方なのである。このことを，一般に「黙認」という。

「黙認」とされないためには，指揮命令権の行使が必要である。

ダラダラ残っている現場を見たときは，必ず注意指導を行わなければならない。また，実際に見ていないとしても，他の労働者から聞いて知ったときも同様である。それだけでなく，タイムカードがあるときはタイムカードの打刻時間，業務日報等があるときは，日報に記載された終業時刻等にも注意を要する。

小職がこれまで経験した相談例等から感じるのは，仕事が好き又は優秀な労働者が自主的に物凄く働いているケースもあるが，仕事ができない者が意味もなく事業所に残留しているケースの方がはるかに多い。

小職に相談するタイミングとしては，何らかの問題が生じたときが多いわけである。即ち，仕事をしているわけでもないのに勝手にダラダラと居残ってい

る者が残業代を請求してきたり，若しくはあまりにも能力が低いため退職させたいという相談において確認した結果として，ダラダラ残業の話が出てくるのである。非常に残念であるが，相談タイミングが遅いのである。ダラダラ残業時間に対し，事業所は残業代を支払わせられることになる。

　恒常的に所定終業時刻に終業できない事業所において，残業事前許可制は現実的でない。しかし，1時間，又は2時間を超える残業等を対象とする許可制であれば，現実的可能性があると考えられる。

　事業所は，問題労働者に付け入られる隙をいかに減らすかという手腕が求められる時代であることを認識しておく必要がある。

（「社会保険労務士の独り言」No.212，平成29年9月23日）

事業場外みなし労働時間制

　かつて，サービス残業が当たり前だった時代が長く続いた。仮に労働基準法施行からカウント開始するとしても，50年はそういう時代があったといえる。

　その中でも特別な存在が，「営業職」である。事務職等に対しては残業代を支払っている事業所でも，営業職には支払わないという例が多く存在した。「営業職には残業代はない」という「常識」があったのである。

　この「常識」は，法律上の根拠を有していた。「事業場外みなし労働時間制」である。しかし，法律上の根拠としていたこと自体が「思い込み」又は「勘違い」で，実は事業場外みなし労働時間制の適用は厳格で，そう簡単には適用されない。

　気付けばサービス残業代請求が盛んな時代となり，事業所も営業職に対しても残業代支払い対応をせざるを得なくなったところである。

　事業場外みなし労働時間制について，検討したい。

1. 誤解を与える条文

> 労働基準法第38条の2第1項
> 　労働者が労働時間の全部又は一部について事業場外で業務に従事した場合において，労働時間を算定し難いときは，所定労働時間労働したものとみなす。ただし，当該業務を遂行するためには通常所定労働時間を超えて労働することが必要となる場合においては，当該業務に関しては，厚生労働省令で定めるところにより，当該業務の遂行に通常必要とされる時間労働したものとみなす。

「所定労働時間労働したものとみなす」のだから，残業代を支払う必要がない，と直感的につながるわけである。しかし，労働法は労働者を保護するための法律であり，事業所に有利な規定があるわけないと疑ってかかる必要がある。

以前は，特に中小企業において，営業職等事業場外で業務に従事する労働者に対しては，一切残業代を支払わない例が多く見られた。

中小企業の経営者は，特に労働法を研究した結果としてそのような取扱いをしたのではなく，「周囲の事業所の多くがそうしていたから」のような理由による場合が多いと思われる。しかし，最大の理由は，誤解を与えかねない条文にある。

人間心理は，自らにとって都合の良い解釈をしてしまうものである。条文は，「事業場外で業務に従事」した場合で，「労働時間を算定し難いとき」は所定労働時間労働したものとみなすとしている。イメージとして，「事業場外で業務に従事」すれば，実際にどこで何をしているか完全に把握できるわけではなく，サボっていてもわからない。だから，「労働時間が算定し難い」と考えたとしても，日本語としては決して間違いではない。こうして，堂々と「営業には残業代は無い！」という取扱いにつながったものと考えられる。そして，この取扱いが普及して，多くの事業所が「営業には残業代は無い」と思い込んで運用するようになったのだろう。

しかし，それまで残業代を支払っていた場合，突然営業職に対して残業代を支払わないこととすれば，その労働者にとっては大きな不満となる。場合に

よっては，職場の雰囲気や環境等に大きな影響を及ぼしかねないといえる。それなのに，そういう問題にもならなかったのは，昔から営業職に限らずどの職種に対しても残業代が支払われていなかった場合がほとんどだったからであろう。戦後の混乱期に成立した労働法は，長らく「守られざる法律の典型」と言われていたという実態があったのである。

　事業所には，労働時間把握義務がある。10年くらい前にはサービス残業代問題が社会問題化し，退職前後の労働者を中心に不払い残業代請求がなされるケースが激増した。最初は他人事のように考えていた事業所も多かったが，年々周囲の事業所でも残業代請求の例が生じた話を耳にするようになり，流れが変わっていった。このような社会背景を受けて，事業場外みなし労働時間制を適用する事業所は次第に減少し，今日に至っている。

2．行政解釈

　事業場外みなし労働時間制の適用に関し，必ず押さえておかなければならないのが行政解釈である。基本となる通達を二つ紹介する。

　行政解釈を読めば，事業場外労働であっても，そう簡単には事業場外みなし労働時間制が適用できないことが理解できる。

通達１

【事業場外労働の範囲】

　事業場外労働に関するみなし労働時間制の対象となるのは，事業場外で業務に従事し，かつ，使用者の具体的な指揮監督が及ばず労働時間を算定することが困難な業務であること。したがって，次の場合のように，事業場外で業務に従事する場合にあっても，使用者の具体的な指揮監督が及んでいる場合については，労働時間の算定が可能であるので，みなし労働時間制の適用はないものであること。

①　何人かのグループで事業場外労働に従事する場合で，そのメンバーの中に労働時間の管理をする者がいる場合

②　事業場外で業務に従事するが，無線やポケットベル等によって随時使用者の指示を受けながら労働している場合

③ 事業場において，訪問先，帰社時刻等当日の業務の具体的な指示を受
けたのち，事業場外で指示どおりに業務に従事し，その後事業場にもどる場
合　　　　　　　　　　　　　　　　　　　　　（昭和63年１月１日基発１号）

通達Ⅱ

【情報通信機器を活用した在宅勤務に関する法第38条の２の適用について】

【問】次に掲げるいずれの要件をも満たす形態で行われる在宅勤務（労働者
が自宅で情報通信機器を用いて行う勤務形態をいう。）については，原則とし
て，労働基準法第38条の２に規定する事業場外労働に関するみなし労働時
間制が適用されるものと解してよろしいか。

① 当該業務が，起居寝食等私生活を営む自宅で行われること

② 当該情報通信機器が，使用者の指示により常時通信可能な状態におくこ
ととされていないこと

③ 当該業務が，随時使用者の具体的な指示に基づいて行われていないこと

【答】貴見のとおり。

　なお，この場合において，「情報通信機器」とは，一般的にはパソコンが該
当すると考えられるが，労働者の個人所有による携帯電話端末等が該当する
場合もあるものであり，業務の実態に応じて判断されるものであること。

　「使用者の指示により常時」とは，労働者が自分の意思で通信可能な状態
を切断することが使用者から認められていない状態の意味であること。

　「通信可能な状態」とは，使用者が労働者に対して情報通信機器を用いて
電子メール，電子掲示板等により随時具体的な指示を行うことが可能であり，
かつ，使用者から具体的な指示があった場合に労働者がそれに即応しなけれ
ばならない状態（即ち，具体的な指示に備えて手待ち状態で待機しているか，
又は待機しつつ実作業を行っている状態）の意味であり，これ以外の状態，例
えば，単に回線が接続されているだけで労働者が情報通信機器から離れるこ
とが自由である場合等は「通信可能な状態」に当たらないものであること。

　「具体的な指示に基づいて行われる」には，例えば，当該業務の目的，目
標，期限等の基本的事項を指示することや，これらの基本的事項について所
要の変更の指示をすることは含まれないものであること。

　また，自宅内に仕事を専用とする個室を設けているか否かにかかわらず，
みなし労働時間制の適用要件に該当すれば，当該制度が適用されるものであ

る。（平成16年 3 月 5 日基発0305001号，平成20年 7 月28日基発0728002号）

3. 阪急トラベルサポート事件

3－1　判例の重要性

　営業職への残業代不払いは労働基準法第38条の 2 が根拠とされたが，似たような感じで管理職への残業代不払いの根拠とされたのが労働基準法第41条第 2 号「管理監督者」の適用である。少し前まで，「管理職（又は「課長以上」）は残業代を支払わなくて良い」という「常識」があったのである。

　しかし，日本マクドナルド事件（東京地裁平成20年 1 月28日判決）により，店長が管理監督者でないとされたことを受けて，多くの事業所がそれまで管理監督者として取り扱ってきた管理職への残業代問題に直面した。多くの事業所が対応に追われるなど，社会問題化したのである。

　平成26年 1 月には，事業場外みなし労働時間制に関する残業代等請求事件について，最高裁判決が下された。阪急トラベルサポート事件（最高裁平成26年 1 月24日判決）である。これにより，事業場外みなし労働時間制を適用している事業所は，対応を迫られるケースが生じることとなった。ただ，管理監督者問題と比較すると，影響を受ける事業所は少数といえるだろう。

3－2　事案の概要と判決

　海外旅行の添乗員が，添乗業務に従事した際の未払い賃金（時間外割増賃金等）の支払いを求めた事案。

　添乗員は登録型派遣スタッフ。旅行会社の海外ツアー添乗員として，海外ツアー期間を雇用期間として派遣元会社に雇用され，旅行会社に派遣された。そして，時間外労働をしたとして，時間外割増賃金及び休日割増賃金の支払いを求めて提訴。派遣元会社は，事業場外みなし労働時間制の適用があるとして争った。

　一審は，事業場外みなし労働時間制の適用を認めたが，二審は，旅行会社の具体的な指揮監督が及んでいるとして事業場外労働時間制の適用を認めなかった。そして注目された最高裁判決は，上告を棄却し，二審の判決内容が確定し

た。最高裁の判示から，一部確認する。

① 本件添乗業務は，旅行日程が上記のとおりその日時や目的地等を明らかにして定められることによって，業務の内容があらかじめ具体的に確定されており，添乗員が自ら決定できる事項の範囲及びその決定に係る選択の幅は限られているものということができる。

② ツアーの開始前には，本件会社は，添乗員に対し，（中略）パンフレットや最終日程表及びこれに沿った手配状況を示したアイテナリーにより具体的な目的地及びその場所において行うべき観光等の内容や手順等を示すとともに，添乗員用のマニュアルにより具体的な業務の内容を示し，これらに従った業務を行うことを命じている。

③ ツアーの実施中においても，本件会社は，添乗員に対し，携帯電話を所持して常時電源を入れておき，ツアー参加者との間で契約上の問題やクレームが生じ得る旅行日程の変更が必要となる場合には，本件会社に報告して指示を受けることを求めている。

④ ツアーの終了後においては，本件会社は，添乗員に対し，前記のとおり旅程の管理等の状況を具体的に把握することができる添乗日報によって，業務の遂行の状況等の詳細かつ正確な報告を求めているところ，その報告の内容については，ツアー参加者のアンケートを参照することや関係者に問合せをすることによってその正確性を確認することができるものになっている。

⑤ 以上のような業務の性質，内容やその遂行の態様，状況等，本件会社と添乗員との間の業務に関する指示及び報告の方法，内容やその実施の態様，状況等に鑑みると，本件添乗業務については，これに従事する添乗員の勤務の状況を具体的に把握することが困難であったとは認め難く，労働基準法38条の2第1項にいう「労働時間を算定し難いとき」にあたるとはいえないと解するのが相当である。

4. 事業場外みなし労働時間制をめぐって

4－1　労働時間管理からの解放の代償

　事業場外みなし労働時間制の適用は，紛争となった場合におけるリスクを確認しておくことが必要不可欠である。既述のとおり，事業場外みなし労働時間

制は，適用できる場合がかなり限られている上，仮に適用できると判断しても，裁判所が認めるかどうかは別問題である。

　しかも，判断が難しい。現に阪急トラベルサポート事件も，高裁，最高裁は認めなかったが，一審判決は裁判官が事業場外みなし労働時間制の適用を認めているくらいである。

　裁判所から認められなければ，原則として2年間遡及して残業代を支払わせられる。しかも労働時間を算定していなかったがため，労働者が主張する労働時間数に対する反論も難しい。

　ところで，本来は事業場外みなし労働時間制は，残業代を抑制できる制度ではない。原則は「所定労働時間労働したものとみなす」であるが，但書で「当該業務を遂行するためには通常所定労働時間を超えて労働することが必要となる場合においては，(中略)当該業務の遂行に通常必要とされる時間労働したものとみなす」と規定されている。即ち，労働時間管理から解放されたとしても，本来は残業代対策となる制度ではないのである。

4－2　適用要件の確認

　事業場外みなし労働時間制が，どのようなケースに適用が可能なのか，通達，判例から確認する。この確認を通して，適用が可能な場合を除き，その他の場合は適用できないと考えておくとちょうどよい。

　まず，通達Ⅰ本文から，「使用者の具体的な指揮監督」が及ばないときであることが前提である。

　労働時間管理をせず，単に放置した結果労働時間の算定ができないような場合ではなく，労働時間管理をしようとしても，業務の性質，内容やその遂行の態様，状況等からこれが困難であるため労働時間の算定が困難であることが求められている。

　通達Ⅰ②，通達Ⅱ②から，事業場外労働でも使用者の指示で携帯電話やメール等で随時連絡が可能な状態におかれていれば，具体的な指揮監督が及んでいると判断される理由とされる。

　通達Ⅰ③から，訪問先，帰社時刻等当日の業務の具体的指示を受けたのち，事業場外で指示どおりに業務に従事し，その後事業場にもどる場合も事業場外

みなし労働時間制は適用されない。

　阪急トラベルサポート事件において，最高裁は，ツアー終了後に添乗日報によって「業務の遂行の状況等の詳細かつ正確な報告を求めているところ，その報告の内容については，ツアー参加者のアンケートを参照することや関係者に問合せをすることによってその正確性を確認することができるものになっている」と判示。参加者のアンケートが労働時間算定の裏付けになるのか，また，関係者に問い合わせをして労働時間を確認することが現実的といえるのか等，かなり疑問がある内容である。この無理がある判示は，労働時間把握義務の自己申告制を意識したものと考えられる。自己申告制においては，必要に応じて実態調査の実施が求められているので，実態調査が可能であることを示したものである。

　以上から，事業場外みなし労働時間制が適用されるケースをまとめる。

① 　原則として事業場外において単独で業務遂行していること
② 　事業場外における業務について具体的指示や帰社時刻指定等をしていないこと
③ 　連絡が取れる状態にするよう義務づけていないこと，又は随時指示をしていないこと
④ 　実態調査ができないため，労働時間自己申告制の実現が困難であること

4－3　適用する場合

　事業場外みなし労働時間制は，必ずしも所定労働時間とみなすのではなく，当該業務に通常必要とされる時間とみなすことができる。この場合，労使協定によって通常必要とされる時間について協定することになる。

　注意を要するのは，事業場外労働の時間数について労使協定で定めた場合で，事業場内と事業場外の両方について労働する場合は，事業場内で労働した時間数と事業場外みなし時間との合計時間数が労働時間となることである。事業場内労働があるにもかかわらず，単純に所定労働時間数又はこれに近い時間数で協定すると，みなし時間数が実態の労働時間数より多くなる可能性が高く，無駄な残業代支払いにつながりかねない。かといって，実態と比較して極端に短い時間数で協定すると，労働紛争につながるリスクも考えられる。

なお，労使協定は，通常必要とされる労働時間数が法定労働時間を超える場合は，三六協定に付記して労働基準監督署に届け出ることになる。

4－4　適用しない場合

　従来は事業場外みなし労働時間制を採用していたところ，通常の労働時間管理に切り替える場合を想定する。今まで所定労働時間労働したとみなしていた場合，厳格な労働時間管理をしていなかったわけだが，今後は労働時間管理が必要となる。

　事業場外みなし労働時間制が適用されてきたケースには，大きく分けて二つのパターンがある。一つは，在宅勤務や自由勤務等で，原則として事業所に出勤することがないケース，もう一つは，原則として事業所に出勤し，ほとんど事業場外で業務に従事するケースである。

　前者の場合，事業場外みなし労働時間制の適用を断念する理由は，従事する業務について具体的に指示するケースや，常時連絡が取れるように指示しているケースだと思われる。今後労働時間管理をする場合，原則として自己申告制によらざるを得ないことになる。自己申告は，通常必要とされる時間数を意識して，ある程度の時間を指示することが重要である。

　後者の場合には，始業時刻と終業時刻の両方とも事業所にて確認できる場合と，一方のみ確認できる場合とがあると考えられる。労働時間管理は，両方とも確認できる場合は通常の労働者とほぼ同様だが，一方のみの場合は原則として自己申告制とする必要がある。始業終業時刻の両方が確認できる場合でも，事業場外におけるすべての時間（休憩時間を除く）が労働時間ではない場合は，やはり自己申告制とする必要がある。

　自己申告制は，単に労働者に申告させれば良いだけの問題ではない。厚労省の「労働時間の適正な把握のために使用者が講ずべき措置に関する基準について」における自己申告制に関する事項を確認する。

　　自己申告制によりこれを行わざるを得ない場合，使用者は次の措置を講ずること。
　　ア　自己申告制を導入する前に，その対象となる労働者に対して，労働時間の実態を正しく記録し，適正に自己申告を行うことなどについて十分な説明

を行うこと。

　イ　自己申告により把握した労働時間が実際の労働時間と合致しているか否かについて，必要に応じて実態調査を実施すること。

　ウ　労働者の労働時間の適正な申告を阻害する目的で時間外労働時間数の上限を設定するなどの措置を講じないこと。また，時間外労働の削減のための社内通達や時間外労働手当の定額払等労働時間に係る事業場の措置が，労働者の労働時間の適正な申告を阻害する要因となっていないかについて確認するとともに，当該要因となっている場合においては，改善のための措置を講ずること。

　ところで，自己申告制によらず，使用者の現認又はタイムカード等を基礎として管理する場合は，一般の労働者と同様の労働時間管理が必要となる。特に，今まで労働時間管理がないことを前提に事業場外でダラダラとしていた場合等においては，効率的な業務遂行が強く求められることになる。

4－5　賃金設定の見直し

　事業場外みなし労働時間制の適用をやめ，労働時間管理をする場合において，労働者の雇用形態等によっては賃金設定の見直すべき場合がある。阪急トラベルサポート事件の添乗員のようなケースは，まさしく該当する。

　当該添乗員は，日給1万6000円で雇用されていたが，おそらく雇用当事者の認識は，添乗業務のすべての対価として1日あたり1万6000円としたものと思われる。しかし，結果は日給は8時間分の賃金としかみなされないことになったのだから，事業所にとっては感情的に納得できなかったものと思われる。このような雇用形態の場合は，次回添乗員雇用に際して，賃金設計の見直す必要がある。

　阪急トラベルサポート事件の第一審判決は，通常必要とされる労働時間を11時間とした。仮にこの数字を前提とすれば，雇用主の認識は，11時間労働に対して1万6000円を支払う契約だったはずである。それなら，あらかじめ日給を3時間分の残業代込みとして，基本給1万893円及び固定残業代5107円（合計1万6000円）と設定すればよい。端数が気になる場合は，1万円と6000円に区分して，固定残業代が3時間50分相当としても構わない。いずれにしても，今後の

添乗員雇用に関しては，このような事前対策が必要となる。

　実際には，休日労働や深夜労働が含まれるツアーであって単純ではない。また，添乗員の他にも，賃金設定の見直しが有効なケースがあると思われる。個別事案については，諸事情を勘案する必要がある。

（「社会保険労務士の独り言」No.170，平成26年3月23日）

時間外削減は事業所を守るため

▶参照記事：『日本経済新聞』平成27年12月9日付
「ワタミ，過労自殺で和解　東京地裁　遺族に1.3億円支払い」

　ブラック企業として有名になったワタミ。平成20年に当時26歳の従業員が自殺した事件に関し，遺族は損害賠償約1億5000万円を求めて東京地裁に提訴していた。

　自殺前の時間外労働は，月140時間以上あったとされ，既に労働基準監督署では過重労働として業務災害として認定されていた。労災保険制度は，治療費や休業補償，遺族補償等を目的とする制度で，慰藉料等の損害賠償までは保障しない。そのため遺族は，損害賠償を求めて提訴したのである。

　当初ワタミは，法的責任はないと主張して争っていた。このような主張をすることで，会社のイメージが大きく損なわれたであろうことが容易に想像できる。かといって，すぐに認めたとしても，イメージが良くなることもあり得ない。結局，長時間労働の実態があって，そして長時間労働させていた者が自殺すれば，ほぼ自動的にイメージの低下を招くと考えておかなければならないのである。長時間労働という実態そのものが，大きな大きなリスクなのである。

　自殺から約7年経過し，この度裁判上の和解が成立した。ワタミは，遺族に損害賠償として約1億3300万円を支払う。裁判上の和解は，判決に至らないことから，後世に判決文が残らないという側面がある。明らかに一方的に事業所に問題があるケースで訴訟となったときは，和解を選択する隠れたメリットと

もいえる。

　推測に過ぎないが，本件で判決を得た場合，おそらく1億3300円もの額には
ならないと考える。かといって，半額以下となることも考えられない。勝手な
推測だが，8000万円から1億円の範囲くらいとなったのではないだろうか。

　厚生労働省の統計によると，平成26年度の精神疾患による労災認定数は497
人，うち自殺者が99人で，いずれも過去最多である。このような背景から，12
月から常時50人以上の事業場を対象としてストレスチェック制度が導入された
ところである。

　政府には，自殺防止対策が強く求められている。具体的には，精神疾患の発
症を抑制することが第一となる。労災として認定されるケースは，大きく分け
ると①長時間過重労働，②ハラスメント，の両方またはいずれかに該当する
ケースとなる。従って，今後益々事業所に対して長時間労働やハラスメントに
関する「締め付け」が厳しくなることが推測される。

　事業所としては，規制だからという感覚ではなく，事業所を守るためという
意識をもって対策せざるを得ないだろう。近い将来，時間外が月45時間を超え
るだけで罪悪視される時代となることが予想される。

労働時間の記録と実態の乖離が許されない時代へ

▶参照記事：『日本経済新聞』平成28年12月30日付
「残業過少申告も立件へ　電通過労自殺で労働局」

　平成12年3月24日の電通事件最高裁判決は衝撃的だった。長時間労働を理由
として鬱病に罹患して自殺した事案に，使用者に損害賠償責任を命じたからで
ある。現在においては，当然のように考えられているが，当時は違った。自殺
が労災認定されることはないというのが当時の常識だったのである。この電通
事件最高裁判決を受けて，「心理的負荷と労災」というある意味新しい分野が
できたのである。そして，長時間労働が大きな要因となることから，労働時間

把握義務が強化され，それまでになかった「始業，終業時刻の把握」が義務づけられることになったのである。

それから約17年弱経過し，時代背景は大きく変わった。しかし，さほど徹底して変わらなかったといえるものとして，労働時間記録と実態の乖離への無頓着という視点が挙げられる。長時間労働が問題であること，そして過重労働として労働者が精神疾患等に罹患したときは事業所が責任を負うためリスクを抱えている状態となること等については，認識が広まったと感じられる。しかし，その「労働時間」の記録については，実態と乖離があっても放置されていることが少なくなく，認識不足であるケースが目立つのである。

長時間労働を是正しようとするとき，実際に労働時間を短縮できれば良いのであるが，それまでの習慣等もあって完全にはできないことがある。このとき，「長時間労働の記録」が残ることが問題視され，実態と異なる労働時間の申告というものが生じる。労働者の立場からも，事業所が労働時間にうるさくいうから，明確な指示がなくても自発的に実態と異なる時間を申告したりする。事業所は，実態と異なることを知りながら，これを放置するのである。労働時間の申告制の場合，労働省告示により実態と異ならないか確認調査をすることが求められている。しかし，このこと自体，あまり知られていない。労働基準監督署の臨検指導においても，労働時間実態を確認して未払い残業代があれば支払えと指導しても，書類送検を視野に徹底的な調査をすることは稀であった。

結論を言えば，今までは実態と異なる労働時間記録を残してきて問題にならなかったとしても，今後は社会的に非難されることが容易に予想できるわけである。事業所としては，このようなことでブラック企業扱いされるわけにはいかない。労働時間に関しては，経営上の最優先事項の一つだという認識を持って取り組む高度の必要性があるといえる。

労働時間法制は，単位を「1分」とするなど賛成できない点が多々あるが，少なくとも実態とかけ離れた労働時間記録をしている場合は，直ちに是正する必要がある。そうしなければ，いつか必ず自らの事業所のクビを締めることになるからである。

長時間労働への厳しい認識と書類送検

▶参照記事：『産経新聞』平成29年6月15日付
「HIS 違法残業疑い　書類送検　月90～110時間　東京労働局」

　　旅行大手のHISに，厚労省の過重労働撲滅特別対策班（通称「かとく」）の捜査が入った。その結果，二人の従業員に対して時間外協定の上限を超える時間外労働をさせたとして，①法人としてのHIS，②労務管理担当の幹部社員二人を書類送検した。営業部門の40代労働者と販売部門の20代労働者に，平成27年6～9月にかけて月90～110時間の時間外労働をさせたことが送検理由である。少し驚いたのは，2年も前の時間外を指摘されていることである。

　　「かとく」がHISに目を付けた理由は，ここ数年で，各地の営業拠点への所轄労働基準監督官による是正勧告が重なったためだとみられている。

　　労働基準監督官による臨検監督は，労働法法令違反の実態を確認したときは，通常は行政官としてその違法な状態を解消するよう指導をする。この指導が，いわゆる是正勧告である。この勧告に従わない事業所に対しては，最終的には労働基準監督官は司法警察官として検察庁に送検する手続をすることになる。従って，是正勧告を受けたほとんどの事業所は，とにかく是正勧告に従って違法な状態を解消しようとするわけである。

　　ここから先は，小職の推測である。最終的に本社に「かとく」が入ったのだから，HISの各地の営業拠点が受けた是正勧告は，何点も指摘されたかもしれないが，少なくともメインは時間外協定の上限を超える時間外労働について指摘されたものであることは間違いない。そして，是正勧告に対し，「表面的に」是正したとして報告したのだろう。昨年の電通事件以来，最も問題視されている事項は，「記録された労働時間と実態との乖離」である。即ち，HISは実態よりも少ない労働時間を記録し，報告したことが推測されるわけである。そして，その手法として，労働者に対して先にタイムカードを打刻させた後に残業をさせたり，時間の報告等について実態と異なる短い時間を書くよう明示又は黙示

の指示をしたのではないかと思われる。その結果，これを不服と感じた労働者（又はその配偶者）が，匿名若しくは顕名で行政に通報した可能性も考えられるわけである。仮にこの推測が当たっているのであれば，HISがとった是正勧告への対応は，最悪だったと言わざるを得ない。

　労働時間に対する社会認識は，10年，20年前とは全く異なる。しかし，その10年，20年前から，未だにずっと認識が変わらない経営者や幹部労働者がいる。そして，認識が変わらないだけでなく，現在の社会認識について全く聞く耳をを持たない者も少なくない。これは，爆弾を抱えたまま爆発を待っているだけというどうしようもない状態である。事業所を守るため，何とか爆弾処理の必要性に気付いて欲しいものである。

労働時間

労働時間も過労死も増加しないが社会が変わった

▶参照記事：『日本経済新聞』平成28年10月7日付夕刊
　「残業時間80時間超　5社に1社　厚労省，初の過労死白書」

　平成26年に制定された過労死等防止対策推進法に基づき，過労死等防止対策白書（以下，「過労死白書」）が公開された。厚生労働省のホームページで過労死白書の内容が公開されており，容易に確認できる。

　マスコミ等は，残業80時間を「過労死ライン」とネーミングしているが，これはあくまでも目安に過ぎず，80時間を下回っていても過重労働と認定されることもあるし，逆に80時間を上回っても必ず過重労働と認定されるとは限らない。過労死白書によると，時間外労働が月80時間を超える事業所の割合として，全体平均で22.7％としている。

　着目したいのは，第1章過労死等の現状の各種資料である。諸外国との比較，日本における推移等について紹介されている。これによると，諸外国との比較において，日本の労働時間が殊更長いわけではない。また，国内における過去との比較において，労働時間数が増加しているわけでもないし，強い不安や悩

63

み，ストレス等を感じる労働者の割合は減少している状況である。このような状況でありながら，個別労働紛争相談件数に占める「いじめ・嫌がらせ」の相談件数は平成14年実績と比較して平成27年は約10倍に激増しているのである。そして，精神障害に係る労災請求件数の推移も，平成11年実績と比較して平成27年は約10倍に激増している。

　即ち，近年増加したのは，過重労働やストレスを感じる割合ではなく，いじめや嫌がらせを受けたと「相談する割合」や，精神障害について業務災害であると主張して「労災申請する者の割合」なのである。社会的に何かが変わったとすれば，それはこのような相談や申請を容認する社会になったという感じである。

　特にそれなりに社歴のある中小企業等は危険である。長年やってきて，今まで問題になったことがないことは，問題ないと考えてしまいがちだからである。経営者自身が20年前，30年前から同じ意識のままであれば，かつては何ら問題なかったことでも現在は犯罪のように言われかねないのである。また，現在の40代，50代以上の世代にとっては，自らが20代の頃の感覚で若い世代に接すると危険である。昔は問題なかったことでも，今はそうではないのである。そして，簡単に相談機関に足を運び，何かあったらとりあえず労災申請する者が約10倍にも激増しているのである。

　世界初の「過労死白書」。英語圏において「karoshi」でそのまま過労死を意味するという。しかし，過労死が増加したのではなく，過労死がクローズアップされる時代になったことを意味しているのである。事業所は，長時間労働を抑制し，ハラスメント防止に努めることが，現代における経営上の最低基準となったことを認識するほかない。

抜け道の無い労働時間規制

▶参照記事：『産経新聞』平成29年12月27日付
「野村不動産に特別指導　裁量労働制の営業活動　不正」

　裁量労働制，フレックスタイム制……。労働基準法には，自由なイメージを持ちかねない労働時間制度が存在する。小職も一昔前は，「裁量労働制にしたい」，「フレックスタイム制にしたい」という相談を多くの事業所から受けてきた経験がある。残念ながら，当時の事業所の思惑は，労働時間管理から逃れるために労働者に労働時間管理を丸投げし，その上で残業代も払いたくないというものばかりだった。結論として，そう簡単に導入できないのが，これらの労働時間制度である。

　野村不動産は，企画業務型裁量労働制を導入し，約1900人の労働者のうち約600人に適用していた。企画業務型裁量労働制とは，「企業等の運営に関する事項についての企画，立案，調査及び分析の業務であって，業務の遂行方法等に関し使用者が具体的な指示をしない」ものである。1900人のうち600人もが専属でこの業務をやっているわけがないとすぐわかる。実態は，営業等を担当している者に裁量労働制を適用していたため，労働基準法違反として是正勧告を受けた。野村不動産は，裁量労働制を廃止するようである。

　ちなみに，裁量労働制だからといって，事業所が労働時間把握義務から免れるものではない。そして，仮に1日9時間労働とみなすと協定していても，実態を調査して乖離しているようであれば見直しを迫られる。実質的に，全く裁量労働とは言えないと感じるところである。

　基本となる労働時間制度は，通常の毎週40時間（かつ1日8時間）制である。例外的な労働時間制度として労働基準法は，①1カ月単位の変形労働時間制，②フレックスタイム制，③1年単位の変形労働時間制，④1週間単位の変形労働時間制，⑤事業場外労働，⑥専門業務型裁量労働制，⑦企画業務型裁量労働制，を定めている。しかし，広く普及しているのは，①1カ月単位の変形労働

時間制と③１年単位の変形労働時間制くらいである。かつては，「営業職には残業代は出ない」という社会常識があった。これは，⑤事業場外労働が適用されるという誤解に基づくものであったが，携帯電話等が普及した現在において，実質的に活用できる機会がほぼ全くないと言ってよいような制度となった。②フレックスタイム制，⑥⑦二つの裁量労働制は，いずれもそれなりの人員数を有する組織でなければそもそも無理であり，さらに裁量労働制は適用要件が厳しすぎてなかなか導入できないのが実態である。

　労働時間管理の重要性が増しているが，抜け道のない厳しい注文である。事業所としては，良い方法を模索するよりも，日々の時間管理を確実に行うことを優先せざるを得ないといえる。

賃　金

給与と在籍労働者の流出防止

　近年の給与相場の高騰は，特に中小企業の採用において深刻な影響をもたらしている。

　2，3年前と同じ求人内容で募集したところ，応募者がこない。2，3年前はそれなりに応募者もあったのに，今回は激減。それだけでなく，少ない応募者を面接してみたが，とても採用できる者とは言い難い……。

　ここで悩ましいのが，求人条件をどうするかという問題である。

　多くの場合，休みを増やすとか時間を短縮するとか，又は福利厚生を充実させるとかではなく，給与額の増額を検討するケースが圧倒的に多い。

　しかし，給与額を上げる方向で検討した瞬間，もれなく別の問題がついてくる。既存の労働者の給与とのバランスである。

　採用が難しくなると，在籍する労働者の「流出防止」という視点も脚光を浴びる。それは当然である。採用のための経費や労力がかからないばかりか，ゼロから教育しないでよいわけである。明らかに，在籍労働者を大切にした方が事業所の経営上理にかなうのである。そのため，在籍労働者の流出防止を目的として，給与増額を検討するケースも少なくない。

　経営者は，労働者が満足する給与を支払うことが，何よりも労働者の満足感を高めると考えるケースが多い。もちろん，全面的に否定する気はない。しかし，満足な給与を支払っても，人材は流出するときは流出するものである。果たして給与の額は，本当に労働者に満足を与えるものだろうかという疑問が生じる。

　労務管理，特に労働者満足（モチベーション）に関する有名な研究として，ハーズバーグの「動機づけ衛生理論」がある。動機づけ衛生理論を中心に，労働者の採用や流出防止と給与との関係について検討したい。

1. 採用が困難な時代

1-1　求人と事業所の魅力

　求人とは，労働者を募集することである。求人に際しては，労働条件等を設定する。求職中の者は，求人の内容を見て応募するかどうか検討することになる。応募するかしないかの判断は，求職者の自由である。

　求人数が少ないときは，労働条件が多少悪いとしても，求職者にとって選択肢が限られる。逆に，求人数が多いときは，労働条件が多少良くても，求職者は多数の選択肢から選べる立場になる。

　反対の視点からも同様である。求職者が多いときは採用しやすいし，求職者が少ないときは，採用しにくい。

　現在は，求人数が多く，求職者が少ないのかもしれない。しかし，新卒3年以内の離職率は高まっているし，65歳以上の高齢者の就業意欲も高まっている。これらのことから，決して求職者が少ないとは言い難い。

　結局，求人数が多く，そして個々の労働者にとってより魅力ある事業所が選ばれているのが現状ではないだろうか。

　「魅力ある事業所」といっても，一言では言い表せない。人によって，価値観が異なるからである。

　事業所自体の魅力に関する項目として，知名度が高い事業所，急成長している事業所，特殊な分野を取り扱う事業所，自由な社風の事業所など。事業所の労働条件等に関する事項として，給与が高い事業所，休みが多い事業所，残業がない事業所など。その他，実際に働いてみなければわかりにくい魅力もある。人間関係の他，仕事の進め方等が挙げられる。

　事業所自体の魅力や実際に働いてみてわかる魅力等は，個々の事業所毎に力を入れていただく事項である。本項においては，一般的な魅力として，労働条件等に関する事項を検討するしかない。

1-2　労働条件

　主な労働条件として，給与，労働時間，休日が挙げられる。求職者の視点に

立てば，休みが多く，労働時間が短く，給与が高いのが究極の理想といってよいだろう。しかし，そのような労働条件を実現すると，事業所の経営に深刻な支障が生じることになるだろう。

仮に，休みが少なく，労働時間が長く，給与が低い事業所があるとする。この事業所が求人するにあたり，ありのままでは応募がないと想定されるとき，何を検討するだろうか。

多くの場合は，給与額の引き上げである。そして，それはある程度正しいといえる。求職者から確定的に「見える」情報は，給与，所定労働時間（残業時間が含まれない），休日数である。この点だけに着目すると，給与を上げるか，休日を増やすか，又はその両方を実施するかという3択となるのである。

求人で給与を増額するときの厄介な問題が，既存の在籍労働者とのバランスである。

現在在籍する労働者の採用時の給与が15万円だとする。そして，毎年平均3000円ずつ昇給するものとする。2年目15万3000円，3年目15万6000円，4年目15万9000円……10年目18万円である。

この背景において，新たに求人募集する際に16万円とすることがいかに難しいかわかるだろう。新人の給与が4年目までの在籍労働者の給与を逆転してしまうのである。

単純に在籍労働者全員に対しても一律1万円昇給できれば，誰も文句はいわないだろう。しかし，月1万円といえど年12万円である。仮に労働者数が50人なら，年間600万円もの負担増となってしまうのである（別途社会保険料負担を考えると，年間700万円程度の人件費増となる）。

そこで，一律1万円が困難と判断すれば，従来の毎年平均3000円の昇給による差を縮めるしかない。仮に2000円とすれば，2年目16万2000円，3年目16万4000円，4年目16万6000円……である。2000円刻みだと10年目でちょうど18万円。ここでやっと在籍者の水準に追いつく。言い替えると，在籍10年未満の全員に対して，臨時的に昇給せざるを得ないということになる。

しかしながら，実態はそう単純な話ではない。特に小規模事業所の特性として，採用時の経緯によって，給与水準がバラバラだったりする傾向がある。また，昇給があったりなかったり等のため，採用のタイミングによる乖離がある

こともある。結局，個々の事業所毎の実態に応じて，負担可能額等も視野に入れて検討するしかないのである。

　給与は，ひとたび増額すると，減額は極めて困難である。というよりも，事実上できないと考えておいた方が無難である。この観点からいえば，採用を急ぐあまり求人において給与を引き上げることは大きなリスクを伴う。

　それでは休日数を増やすというのはどうか。こちらも既存在籍労働者に対して休日数を増やすことは現実的ではないだろう。少なくとも，採用を理由として突然実施できる変更ではない。ある程度の時間を掛けて検証することが必要な事項である。

1－3　理想

　求人が難しい時期には，求人する必要がないことが望ましい。積極的な求人ならまだしも，欠員補充の繰り返しではあまりにも効率が悪すぎる。

　理想は，在籍する労働者の流出を防ぐことに尽きる。

2.　在籍労働者への昇給効果

　厚生労働省は，定期的に「21世紀成年者縦断調査」を行っており，調査項目に「仕事をやめた者の退職理由」という項目がある。平成21年3月発表の調査結果だが，現在とそう大きく異なるものではない。

　男女別，そして前回調査時において正規・非正規を分けて，さらに正規，非正規，仕事なしと区分している。

　文章上の都合から，「正規⇒正」，「非正規⇒非」，「仕事なし⇒無」と略したい。

　例えば，「男，前回（第5回）正規，今回（第6回）正規」の場合は「男正正」であり，「女，前回（第5回）非正規，今回（第6回）仕事なし」の場合は「女非無」である。

　調査の結果，仕事をやめた理由として「給与・報酬が少なかったから」を挙げた者の割合は，男正正40.7％，男正非21.4％，男正無25.6％，男非非18.5％，男非非22.0％，男非無13.3％，女正正30.6％，女正非15.9％，女正無14.2％，女非正31.7％，女非非21.5％，女非無10.4％である。

　実際，「正規⇒正規」の退職理由として，男性は1位，女性は2位の理由に挙

■表 性，第5回の就業形態，第6回の仕事の有無・就業形態別にみた退職理由
（複数回答）

	男					
	第5回正規			第5回非正規		
	第6回仕事あり（転職）		第6回仕事なし	第6回仕事あり（転職）		第6回仕事なし
	正規	非正規		正規	非正規	
総数	100.0	100.0	100.0	100.0	100.0	100.0
自分の希望する仕事ではなかったから	13.0	17.9	23.3	9.9	10.2	10.0
能力・実績が正当に評価されなかったから	21.1	17.9	25.6	9.9	8.5	13.3
給与・報酬が少なかったから	40.7	21.4	25.6	18.5	22.0	13.3
労働時間が長かった・休暇が少なかったから	30.9	21.4	23.3	6.2	10.2	13.3
独立・起業のため	0.8	1.8	9.3	—	—	—
通勤時間が長かったから	8.1	8.9	4.7	1.2	3.4	3.3
転勤が多かったから	0.8	1.8	—	—	—	—
一時的・不安定な仕事だったから	4.9	5.4	2.3	16.0	10.2	3.3
人間関係がうまくいかなかったから	13.8	14.3	18.6	3.7	10.2	6.7
会社の経営方針に不満を感じたから	30.1	21.4	20.9	9.9	11.9	10.0
事業又は会社の将来に不安を感じたから	31.7	26.8	16.3	9.9	6.8	3.3
結婚したから	1.6	1.8	—	1.2	1.7	—
出産・育児のため	—	—	—	—	—	—
健康がすぐれなかったから	7.3	10.7	16.3	—	5.1	13.3
家族の介護のため	0.8	—	—	—	1.7	—
家族が転勤したから	—	—	—	—	—	6.7
育児休業がとりにくかったから	—	1.8	—	—	—	—
会社から出向・転籍を命じられたから	4.1	3.6	2.3	—	1.7	—
希望退職に応じたから	2.4	1.8	2.3	1.2	—	3.3
倒産したから	6.5	5.4	7.0	1.2	3.4	—
解雇されたから	4.1	7.1	4.7	—	5.1	10.0
契約期間が満了したから	—	—	2.3	13.6	23.7	6.7
初めから短期のつもりだったから	2.4	5.4	4.7	11.1	6.8	13.3
新しい仕事がみつかったから	18.7	7.1	2.3	28.4	23.7	3.3
勉強のため	—	7.1	4.7	2.5	3.4	10.0

注：集計対象は，第1回から第6回まで回答を得られていて，第5回に仕事があり，その仕
　　事を第5回から第6回の間にやめた者のうち，第5回の仕事が正規，非正規の者である。

（単位：％）

女					
第5回正規			第5回非正規		
第6回仕事あり（転職）		第6回仕事なし	第6回仕事あり（転職）		第6回仕事なし
正規	非正規		正規	非正規	
100.0	100.0	100.0	100.0	100.0	100.0
9.7	11.6	5.8	9.5	12.0	6.6
21.0	14.5	5.8	15.9	9.0	6.6
30.6	15.9	14.2	31.7	21.5	10.4
29.0	29.0	16.7	15.9	9.4	11.0
—	—	—	—	0.9	—
6.5	5.8	8.3	4.8	6.9	4.4
1.6	—	—	1.6	—	—
4.8	—	1.7	12.7	8.2	3.8
21.0	17.4	11.7	12.7	13.7	9.9
32.3	24.6	16.7	11.1	11.6	8.2
24.2	20.3	10.0	6.3	4.3	3.8
1.6	10.1	20.0	—	0.9	9.3
1.6	5.8	27.5	1.6	1.3	31.9
6.5	13.0	12.5	4.8	7.7	13.7
—	1.4	2.5	—	1.7	2.7
—	1.4	5.0	—	0.9	3.3
—	1.4	4.2	1.6	0.9	2.2
1.6	—	1.7	—	0.9	—
—	—	1.7	—	0.4	1.6
—	2.9	4.2	1.6	3.0	1.6
3.2	7.2	3.3	1.6	3.0	4.4
1.6	—	—	19.0	15.0	14.8
—	—	0.8	6.3	9.0	3.3
19.4	13.0	—	20.6	16.7	0.5
3.2	13.0	6.7	—	3.0	5.5

げられている。

　しかし，調査結果は，単純に数字だけを追ってはならない。着目したい項目として，男女とも「正正」の退職理由として相当数の結果であるのが，次の項目である（最初に給与関係を表示して比較を容易にした）。

　「給与・報酬が少なかったから」（男40.7％，女30.6％）

　「能力・実績が正当に評価されなかったから」（男21.1％，女21.0％）

　「労働時間が長かった・休暇が少なかったから」（男30.9％，女29.0％）

　「人間関係がうまくいかなかったから」（男13.8％，女21.0％）

　「会社の経営方針に不満を感じたから」（男30.1％，女32.3％）

　「事業又は会社の将来に不安を感じたから」（男31.7％，女24.2％）

　「正規⇒正規」の主な退職理由は，上記五つに集約できる。

　ここでよく考えたいのだが，「給与」と「労働時間」は独立した理由と言えそうだが，他の「評価」，「人間関係」，「経営方

賃
金

針」，「会社の将来」は，場合によっては根っこは同じ可能性も考えられる。特に「経営方針」と「会社の将来」は，合わせて考えても差し支えないように考えられる。女正正は「経営方針」が退職理由の単独トップであるが，実質的な退職理由のトップは給与ではなく，経営方針や会社の将来と言えるのではないだろうか。

仮に給与増額により労働者をつなぎ止めようと考えても，事業所の経営方針や将来性等の観点から魅力がなければ，つなぎ止められないということが考えられるのである。
また，仮に給与が高くても，労働時間が長く，又は休暇が少なければ退職する可能性も高そうである。
労働者の流出を防ぐにあたり，給与増額がどれほどの効果があるのか，微妙である。多くの経営者が経験していると思われるが，昇給すると労働者は喜ぶが，翌月にはその効果が消滅していたりする。労働者の視点でいえば，昇給はとにかく嬉しいことは間違いない。しかし，翌月からは，当然の権利といったところであろう。

私見だが，特に小規模な事業所においては，経営側の立場の者と労働者との距離が近いと言える。この場合，経営方針に不満があるということは，人間関係，即ちコミュニケーションが原因であることが考えられる。そう考えると，「評価」項目もそうだし，人間関係というキーワードも大きな大きな退職理由であるということになる。

3. ハーズバーグの動機づけ衛生理論

産業心理学の分野で有名なハーズバーグの「動機づけ衛生理論」について紹介したい。
この実験は，200人の技師や会計士への面接調査により，仕事に関して「例外的に良く感じたこと」と「例外的に悪く感じたこと」を想起させ，その内容を分析したものである。
そして，良い感情・悪い感情が生じた頻度を左右軸に，持続期間を縦軸に表

したのが，次の表である。

■表　ハーズバーグによる満足要因と不満足要因の比較

(ハーズバーグ，北野利信訳『仕事と人間性：動機づけ―衛生理論の新展開』東洋経済新報社，1968年，86ページより)

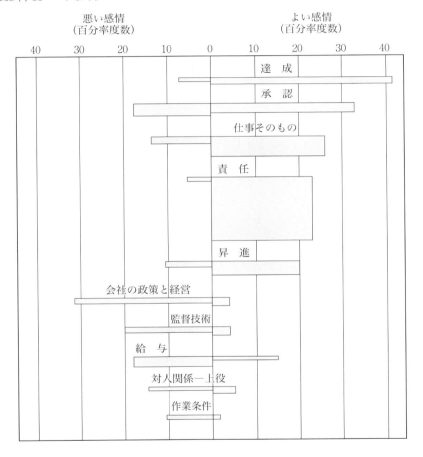

　良い感情を持つ頻度が多かったのは，「達成」，「承認」，「仕事そのもの」，「責任」，「昇進」である。このうち良い感情が長く続いたのは，「責任」，「仕事そのもの」，「昇進」である。
　この5要因については，悪い感情として表れる頻度等は少ないことが特徴である。

逆に，悪い感情を持つ頻度が多かったのは，「会社の政策と経営」，「監督技術」，「給与」，「承認」，「対人関係―上役」，「作業条件」である。

　悪い感情は比較的長く続かないが，「給与」がやや目立つ。

　そして，この5要因については，良い感情として表れる頻度等が少ない。

　以上から，ハーズバーグは，「達成」，「承認」，「仕事そのもの」，「責任」，「昇進」を満足要因として「動機づけ要因」と呼び，「会社の政策と経営」，「監督技術」，「給与」，「対人関係―上役」，「作業条件」を不満足要因として「衛生要因」と呼んだ。

　そして，仕事の満足と不満足とは，表裏や対立の関係でないと考えた。不満足要因を改善しても満足は得られず，不満足な状態が一時的に解消されるにすぎないということである。即ち，給与に不満を持っている者に対し昇給したとしても，満足が得られるのではなく，一時的に不満足が解消する……またすぐに不満足な状態に戻るだけだということになる。

　ハーズバーグの理論が絶対とは言わないが，大いに参考になる理論である。

　労働者の「満足度」が，人材流出防止に大いに関係があることは否定できない。個々の労働者毎に満足の基準が異なるから難しいのであるが，動機づけ衛生理論を基礎に考えると，「動機づけ要因」において満足感を与えることが有効となる。

　まず，「達成」について，放っておいても労働者自ら大きな仕事を達成してくれれば理想である。しかし，なかなかそうはいかないのが現実である。

　そこで，個々の労働者のレベルに合わせて，小さな達成経験を感じさせることが考えられる。そのためには，事業所側が意識的に何らかの業務について達成できる仕事を与えることを意識したい。そして，小さな達成であっても「承認」する。心の中で思っても伝わらないから，きちんと表現する。そうすると，労働者も仕事が楽しくなり，「仕事そのもの」を満足に感じる可能性が高まる。この繰り返しによって職務遂行能力が高まり，「責任」ある仕事が任されるようになると理想だろう。その結果，事業所は当該労働者を「昇進」させるのである。

　「承認」，「責任」，「昇進」については，事業所側の制度，接し方等が大きく影

響する。これらがうまく回ることは,「仕事そのもの」の満足感も増すことにつながるだろう。

ところで,前出厚労省調査において,「能力・実績が正当に評価されなかった」という項目が主な退職理由の上位だった。評価だから,動機づけ衛生理論においては「承認」が最も近い。動機づけ衛生理論における「承認」は,動機づけ要因に分類されているが,表をよく見ると悪い感情想起も決して少なくないし,その持続期間は衛生要因の五つと比較しても長いと言える。

一方で,評価は事業所によるもの,又は上長によるものだから,動機づけ衛生理論における「会社の政策と経営」又は「対人関係―上役」に含まれると考えるのが妥当かもしれない。いずれにしても,人材流出防止のため,「評価」には留意する必要がある。

一方で,「衛生要因」にも配慮を要する。しかし難しいことに,衛生要因で満足感を与えようとしても,不満な状態が一時的に解消されるだけで満足とはならず,すぐに元に戻ってしまうのである。

「会社の政策と経営」は,まさに厚労省調査による退職理由の「会社の経営方針に不満」及び「将来に不安」である。衛生要因の中でも突出して頻度が多い。事業所がいかなる政策や経営を実施しても,そう簡単に満足感を与えられないのである。かといって,無視できる事項でもない。最近の流れでは,説明等をよく行って,理解を求めるようなことを行う必要があるのであろう。「黙ってついてこい」という時代ではなくなった。

注目したいのは,「監督技術」と「対人関係―上役」である。いずれも上長への不満である。厚労省調査の「人間関係」だけでなく,「評価」,「経営方針」,「将来に不安」等にもまたがると考えられる。上司の接し方は,人材流出防止にあたり極めて重要な事項である。上司の監督技術(指導,教育等),上司と部下との人間関係については,事業所は上司個人任せではリスクが大きい。日頃らよく確認し,上司に対して適切な助言,指導が必要である。

そして「給与」。表を確認すると,衛生要因の中で悪い感情の頻度は2番目に多く,持続期間は最悪である。しかし,良い感情の頻度は動機づけ要因の最低

レベルに及ばないものの衛生要因の中では最も良い。即ち，衛生要因であっても，満足感を全く得られないものではないと考える。

ハーズバーグは，衛生要因は改善しても満足感が得られないと考えたが，そうではなく，満足はするのである。ただ，その満足の持続期間は極めて短い（全要因の中で最低）。退職意思表示した労働者を引き留めようと考えて昇給するケースで考えると，その効果はせいぜい1カ月から数カ月の引き延ばしに過ぎないと考えられる。

それなら昇給しない方がいいかといえば，そうも言えない。給与の不満は，退職理由の主力だからである。事業所によって，また業界によって給与水準が全く異なるため一概にはいえないが，一般に次に例示するケースは転職につながりやすいのではないだろうか。

・最低賃金ギリギリ水準
・同業他社と比較して給与水準が低い
・仕事の大変さと比較して給与水準が低い
・本人の個人能力が高いのに，そうでない者と同じ給与水準
・何年経っても昇給しない

（「社会保険労務士の独り言」No.202，平成28年11月26日）

新三種の神器，職務内容，責任程度，評価記録

▶参照記事：『日本経済新聞』平成29年6月30日付
「正社員と賃金差　契約社員が敗訴　佐賀地裁，郵便集配で」

契約社員として郵便集配業務を担当した男性（35歳）が，業務内容が同じ正社員と比較して賃金が低いことを労働契約法違反と主張し，差額を求めて提訴した。佐賀地裁は，正社員の職務内容及び責任とは大きく異なり，待遇差は不合理でないとして訴えを退けた。

同一労働同一賃金という言葉は，既に広く知られる言葉となった感がある。本事案は，まさに同一労働同一賃金に関する訴訟である。しかし，日本の現行法においては，まだ同一労働同一賃金が義務づけられているわけではない。例外的に，「通常の労働者と同視すべき短時間労働者」や「職務内容が同一である契約期間の定めのある労働者」に対し，差別的な取扱いが禁止されているところである。何をもって「同一労働」と定義づけるのかが難しいのだが，とりあえずは「職務内容，責任の程度」が同一であれば，それは同一労働だというような考え方である。

　最近は，マスコミ等の偏向報道のため，完全に「同一労働同一賃金」としか表現されなくなったが，以前は「同一価値労働同一賃金」という表現が多かった。当たり前ではあるが，「同一価値」の労働であれば，同一賃金が義務づけられたとしても，ある程度の合理性は考えられる。しかし，単に同じ職務を担当し，同じ責任を負っているだけで，その仕事の結果，即ち仕事の価値が異なる場合まで同一賃金だというなら全く合理性がない話である。マスコミは，故意に国民の意識を誤った方向に誘導しようとしているのではないかと言いたくなる。

　ところで，現時点で示されている同一労働同一賃金に関するガイドラインにおいても，評価の結果による賃金の相違は問題ないとされている。今後は，賃金の相違がある場合は，①職務内容の相違，②責任の程度の相違，③評価による相違，等の根拠が求められることになっていくことが容易に想像できる。そして，同一労働同一賃金を根拠として差額を悖る訴えを起こされたときは，事業所がこれら①②③について立証しなければならなくなるわけである。①については，日頃から職務の範囲や内容の相違点を明確にしておく必要がある。②については，単に「役職者には責任がある」とか言うだけでなく，具体的にどのような責任を負っているのか明確にして共有する必要がある。③について立証するためには，ただ頭の中で評価するだけでなく，書面による記録がなければ難しい。特に大企業でもない限り，複雑な評価制度を導入する必要はないが，簡単でよいので記録が残せる評価制度は実施する必要がある。

「不合理な違い」にご用心

　正社員と契約社員との間に，どのような違いがあると思いますか？　「正社員」も「契約社員」も，頻繁に使われていますが，実は法律用語ではありません。だから，正社員，契約社員という単語の意味は，事業所によって異なる場合があります。しかし，それでも一般的な意味は，ある程度集約されています。

　最も大きな違いは，正社員は無期契約で，契約社員は有期契約であることです。無期契約は一度雇用されたら定年まで続く契約で，有期契約は契約期間が設定された契約です。もともと，契約期間があることから，契約社員という名称が定着したものと思われます。

　その他の違いとして，各種手当や賞与・退職金の違いがあります。一般に，正社員には各種手当や賞与，退職金が支給され，契約社員には支給されない（又は一部に限り支給）というものです。こうしたことは，ある程度，常識化していると思われます。

　労働契約は，個別契約です。事業所と一個人とが，賃金，労働時間その他各種労働条件に合意することで契約成立します。契約社員は，契約期間があり，手当や賞与・退職金がないことを提示され，これに合意して契約するわけです。このことを，合意原則といいます。ただ，当事者が固く約束しても，どのような労働条件で契約しても良いわけではありません。労働基準法などの基準を下回る部分は無効とされて，法の基準で契約したとみなされるのです。また，各事業所が定める就業規則の基準を下回っても，同様とされます。

　ところが，労働契約法第20条は，有期契約と無期契約との間で労働条件が違う場合は，その職務内容その他の事情を考慮し，不合理な違いであってはならないと規定しています。労働条件には，各種手当，賞与，退職金も含まれます。「不合理な違い」について，条文には具体的な基準などは全く書かれていません。事業所にとっては，あらかじめ対応したくても極めて困難であるとしかいえません。

　このような背景の中，労働契約法第20条に関する初めての高裁判決が示され

ました（ハマキョウレックス事件，東京高裁平成28年7月26日判決）。ドライバーの事案ですが，職務内容は同一でないとされながらも，結論として契約社員に無事故手当，作業手当，給食手当を支給しないことと，通勤手当に差を設けることは違法とする衝撃の内容でした。退職金等については認められませんでしたが，今後油断はできません。事業所にとって，極めて脅威となる判決です。

　労働契約の原則は，個別合意だったはずです。そして，その個別合意の内容が，法や就業規則の基準を下回っていなければ有効であるはずです。

　もし契約社員の採用面接に際し，各種手当の支給を求める者がいれば，採用されないでしょう。各種手当が支給されないことに合意してはじめて，採用されます。それを採用後に訴え，しかも裁判所がその訴えを認めるわけです。「約束は破られるためにある」と言われることがありますが，破ることが前提なら，約束と言うべきではないと考えます。

　このような判決が出ると，事業所はどうするか。契約社員に手当を支給するのではなく，正社員への手当支給を見直さざるを得なくなります。また，正社員と契約社員の職務内容に，明確な差を設けようとするかもしれません。反対に，契約社員を採用せず，外注化することになるかもしれません。このことが，日本の雇用環境の将来にとって何かプラスになるのでしょうか。

　今回は契約社員に関する判決でしたが，もともと契約社員その他非正規雇用がここまで拡大した原因は，労働法による正規雇用の過度な保護にあります。正規雇用すれば，余程のことをしない限り，クビにできません。裁判所は，暴力を振るった者や，飲酒運転をした者でも，解雇無効と判断することがあるほどです。

　逆に解雇規制を緩和すれば，事業所は正規雇用を拡大しやすくなります。政府は正規雇用と非正規雇用の格差是正を目指しているようですが，本人が望めば正規雇用される社会を目指すのが，本当の格差是正だと考えます。

（『産経新聞』雇用のプロ安藤政明の一筆両断，平成28年10月13日付）

賃金

同一労働同一賃金ガイドライン

▶参照記事：『日本経済新聞』平成28年12月21日付
「非正規格差是正促す　政府「同一賃金」へ指針」

　平成28年12月20日，政府が同一労働同一賃金のガイドラインを示した。既に厚労省ホームページで確認できる。早速実効性について問題視する意見も多いが，事業所として完全に無視して後日泣くハメにはなりたくない。可能な対応をしておく方が無難である。そのため，〈問題となる例〉として明示されている事項について，何点か記載しておく。

・基本給について労働者の勤続年数に応じて支給しているＢ社において，有期雇用労働者であるＸに対し，勤続年数について当初の雇用契約開始時から通算せず，その時点の雇用契約の期間のみの評価により支給している。
・賞与について，会社の業績への貢献に応じた支給をしているＣ社において，無期雇用フルタイム労働者であるＸと同一の会社業績への貢献がある有期雇用労働者であるＹに対して，Ｘと同一の支給をしていない。
・賞与について，Ｄ社においては，無期雇用フルタイム労働者には職務内容や貢献等にかかわらず全員に支給しているが，有期雇用労働者又はパートタイム労働者には支給していない。
・Ｂ社においては，無期雇用フルタイム労働者であるＸには，高額の食事手当を支給し，有期雇用労働者であるＹには低額の食事手当を支給している。
・Ｂ社においては，無期雇用フルタイム労働者であるＸと有期雇用労働者であるＹはいずれも全国一律の基本給体系であり，かつ，いずれも転勤があるにもかかわらず，Ｙには地域手当を支給していない。

　同一労働同一賃金の「賃金」は，労働法の概念では毎月の給与の他，賞与，退職金等も含まれる。ガイドラインには退職金に関するものが示されていない

が，今後の動向が心配である。また，各種手当のあり方は特に要注意である。指針は問題とならない例として，採用圏を近隣に限定するパートの通勤手当について上限を設ける例が挙げられているが，逆に言えば近隣で正規・非正規の差が認められないと解される。

事業所としては，労働者に対して良かれと思って実施する制度であっても，それが正規労働者に限って行うことが原則として許されないという話である。この結果，正規労働者の条件低下につながることが考えられる。政府は非正規の労働条件（特に賃金）引き上げだけを主張するが，事業所の原資は無尽蔵ではない。非正規への条件確保のため，正規の引き下げを伴わざるを得ないケースは少なくないだろう。

就 業 規 則

就業規則変更の留意事項

1. 前提となる基本条文確認

労働基準法第13条
　この法律で定める基準に達しない労働条件を定める労働契約は，その部分については無効とする。この場合において，無効となった部分は，この法律で定める基準による。

まず最初に，労働基準法で実質的に最重要の規定を挙げる。

労働基準法の基準を下回る労働条件を定めれば，その部分は無効とされ，自動的に労働基準法の規定が適用される。このことを，直律効という。

この条文があるが故，労働基準法は強行法規なのである。たとえ事業所と本人とがお互いに完全に納得して合意していたとしても，労働基準法の規定に適合していなければ無効となってしまうのである。

例えば，若手労働者に対し，「給料20万円＋残業代」と「給料40万円，残業代は無し」のいずれが良いか尋ねたところ，本人が「40万円」を希望したとする。当然といえば当然であろう。そして事業所が念のため，40万円の給与とする代わりに，絶対に残業代は請求しない旨念書を求め，本人も喜んで応じたとする。

もうお気づきだろうが，このような場合であっても，労働基準法が残業代を払わないことを許さないため，後日監督署の調査や，本人が訴えたりすれば，事業所は間違いなく遡って残業代を支払わせられるのである。

念のために補足しておく。この場合，事業所とすれば，「それなら給料も40万じゃなく20万であることを前提として残業代計算すべきだ」と主張したくなるだろう。最初の給与の決め方からして，当然の主張である。しかし，給与を40万円としたこと自体は労働基準法違反ではないため，無効とならない。結局40万円払ったのに，さらに残業代も支払わせられる。しかも，残業代単価は，40

万円の月給を基礎に計算するため，極めて割高となってしまうのである。

就業規則を定める場合も，同様である。仮に就業規則の規定の一部が労働基準法の基準を下回っていれば，その部分は無効とされるのである。

労働契約法第12条
　就業規則で定める基準に達しない労働条件を定める労働契約は，その部分については，無効とする。この場合において，無効となった部分は，就業規則で定める基準による。

労働契約法第12条は，就業規則の効力について定めている。

見てのとおり，労働基準法第13条の「この法律」の部分を「就業規則」と入れ替えただけのような条文である。

即ち，個別労働者との労働契約において，就業規則の規定を下回る部分があれば，その部分は無効とされ，就業規則が適用されてしまうのである。

例えば，いわゆる正社員しか在籍しない事業所において，正社員しか念頭にない就業規則を定めていたとする。

そしてある日，週3日だけのパートを雇用したら，どうなるだろうか。

年次有給休暇は，法律上継続勤務6カ月で10日付与という規定があるが，週3日のパートなら6カ月で5日付与と規定されている。しかし，就業規則で正社員しか意識せず6カ月で10日付与としか定めていなければ，このパートに対しても10日付与しなければならなくなってしまうのである。

さらに言えば，諸手当等を支給しているのであれば正社員と同じ規定で支給しなければならないし，賞与や退職金だって同様である。

　　個別労働契約 ≧ 就業規則 ≧ 労働基準法

以上のように，個々の労働契約は，労働基準法の基準以上でなければならないだけでなく，さらに就業規則の基準以上でなければならないのである。

就業規則の規定は各方面に及び，実質的に事業所と労働者との関係のほぼすべての範囲に及ぶと言っても過言ではない。

一方で，労働基準法は，原則としてすべての労働者の最低基準を定めること

を前提としている関係から，事業所と労働者との関係のすべてを網羅している
わけではない。

即ち，就業規則の作成は，次のような考え方を根底においておくべきだと言
えるだろう。

① 労働基準法等の定めがある部分については，法令と同等の規定とすること

② ①のうち，法令を超える条件として良いと考える部分については，対象
範囲を明確にして規定すること

③ 労働基準法等の定めのない部分については，事業所の負担となる事項
（例：賞与，退職金等）は対象範囲を明確にするとともに，未来永劫に亙って
負担可能な範囲としたり，その都度裁量で定めることを可能な規定にした
りすること

2. 就業規則変更の原則

労働契約法第8条
　労働者及び使用者は，その合意により，労働契約の内容である労
働条件を変更することができる。

いわゆる「合意原則」である。

合意さえあれば，労働基準法や就業規則等の基準を下回らない限り，労働条
件は変更できるのである。

中小企業等においてよく質問をいただく「変更」は，給与減額である。法律
においては，最低賃金法があるから，変更後に最低賃金を下回らないことが最
低条件となる。次に，就業規則で定められた事項（諸手当等）についても下回っ
ていなければ，あとは「本人との合意があれば」ということになる。

しかし，そう簡単な話ではない。

この「合意」は，労働者の自由意思による合意でなければならないとされて
いる。例えば，月給50万円を40万円に変更することについて合意を求めたとす
る。普通の人間なら，喜んで合意するわけがない。それでも合意した場合，後

日労働紛争になったときは，裁判官も「自由意思で合意するはずがない」という心証からスタートするわけである。事業所は，自由意思で合意したことを証明しようにも，このような立証は極めて困難である。

　最高裁は，「労働者の自由な意思に基づいてされたものと認めるに足りる合理的な理由が客観的に存在することが必要」と示している（山梨県民信用組合事件，最高裁平成28年2月19日判決）。

　非常に残念であるが，事業所としては，給与減額についてはよほどの事情がない限り，訴えられれば負けると認識しておいた方が無難であろう。

　また，減額する場合も，その減額幅を工夫しておきたい。一般に「1割基準」のような話が流布しているが，1割未満でも否認される例があるし，1割超でも認められた例がないわけではない。

　仮に50万円の1割は5万円だが，賃金時効の2年間で累積120万円に及ぶ。120万円取り返せるなら，訴えようと考える者の割合もそれなりに高くなるだろう。しかし，これが月2万円，2年分で48万円だとどうだろうか。弁護士費用を払ってまで訴えるとなると，思いとどまる割合も相当数を占めるだろう。

　期待値だけで高額給与を設定し，期待どおりでなかったからといって給与減額しようとすることに問題がある。あらかじめ期限を付した手当で対応する等，期待どおりでない場合も想定した給与の決め方を考えることで，事業所をリスクから守るべきであろう。

就業規則

> 労働契約法第9条
> 　使用者は，労働者と合意することなく，就業規則を変更することにより，労働者の不利益に労働契約の内容である労働条件を変更することはできない。ただし，次条の場合は，この限りでない。

　さて，厳しい規定であるが，ここにも合意原則が規定されている。

　労働者の合意がなければ，労働者にとって不利益となる就業規則の変更はできないことが原則なのである。

　逆に言えば，労働者にとって有利な就業規則変更は，合意を得ることなく一方的に変更できる。例えば，年次有給休暇の付与日数について，労働基準法の基準プラス2日とするよう変更すること等である。しかし，いったんプラス2

日とした後，やっぱりやめたと思って元に戻そうとするときは，労働者の合意が必要となってしまうのである。

　事業所，特に経営者は，労働者に対して良かれと思って何らかのルールを作ったりするものである。しかし，この情けが，仇となりかねないのである。

　労働者に対して良かれと思って何らかのルールを作るときは，次の考え方をクリアできるか，自問自答して欲しい。

　現在在籍する労働者に加え，今後採用する者も含めて，その「良かれ」を未来永劫適用し続けて構わないものであるかどうか

　上記をクリアできれば，労働者のためにその何らかのルールを施行すればよい。それが，経営方針である以上，第三者は何も口は挟めない。しかし，上記をクリアできないのであれば，次の基準を併せて考えてみるべきであろう。

① 　適用期間の限定等
② 　適用対象者の限定

　正規雇用するとなかなか解雇できないから，契約社員や派遣活用が増加したことと同じである。

　いったん定めるとなかなか元に戻せないから，期間限定や対象者限定を検討するというわけである。労働者に良かれと考えたことであっても，数年後，さらにもっと後等において事業所を苦しめる可能性はゼロではない。このとき，誠実な労働者ほど，事業所と一緒に被害者となりかねない。経営者としては，絶対に予防しておかなければならないことと言えるだろう。

労働契約法第10条
　使用者が就業規則の変更により労働条件を変更する場合において，変更後の就業規則を労働者に周知させ，かつ，就業規則の変更が，労働者の受ける不利益の程度，労働条件の変更の必要性，変更後の就業規則の内容の相当性，労働組合等との交渉の状況その他の就業規則の変更に係る事情に照らして合理的なものであるときは，労働契約の内容である労働条件は，当該変更後の就業規則に定めるところによるものとする。ただし，労働契約において，労働者及び

> 使用者が就業規則の変更によっては変更されない労働条件として合
> 意していた部分については，第12条に該当する場合を除き，この限り
> でない。

　ちょっと長い条文であるが，この第10条は，第9条の原則の例外という位置
づけである。原則は，合意がなければ就業規則の不利益変更はできないところ，
第10条に該当する場合に限って合意がなくても不利益変更が認められるという
ものである。

　ちょっと逸れるが，「変更後の就業規則を周知させ」について解説しておく。
就業規則は，常時10人以上の事業所に作成届出義務があるが，実は効力発生要
件となっていない。就業規則の効力発生要件は，「周知」なのである（フジ興産
事件，最高裁平成15年10月10日判決）。変更後の就業規則を労働基準監督署に届出
しなければ労働基準法違反であるが，周知させていれば効力発生要件は満たす
のである。

　話を戻す。合意がなくても不利益変更が認められるのは，次の諸事情を照ら
して合理的なものであると認められたときである。

①　労働者の受ける不利益の程度
②　労働条件の変更の必要性
③　変更後の就業規則の相当性
④　労働組合等との交渉の状況
⑤　その他の就業規則の変更に係る事情

　労働者と協議すらしていなければ，否認される（④）。そもそも変更の必要性
がなければならない（②）。必要性があっても，不利益の程度が大きいほど否認
されやすいし（①），変更後の就業規則の相当性も求められる（③）。⑤について
は，不利益変更に対する代替措置の有無等，広く諸事情が検討される。これら
をクリアすることは，なかなか大変なことだと言えよう。

3. 就業規則変更の留意事項

就業規則の変更には，主に次のパターンがある。

① 法改正に伴う変更
② 労働者にとって有利な変更
③ 労働者にとって有利でも不利でもないような変更
④ 労働者にとって不利な変更（＝不利益変更）
⑤ 上記①～④のうち④を含む複数の組み合わせによる変更

①の法改正に伴う変更は，労働者が合意しないというわけにもいかないし，仮に一方的に変更しても変更後の就業規則は有効と認められるだろう。②についても，問題は生じない。

問題が生じる可能性があるのは，上記③④⑤の就業規則変更である。

上記③の「有利でも不利でもないような変更」とは，例えば服務規定等の変更である。明らかに従来なかった義務を課すような変更であれば不利益変更かもしれないが，職場において当然のことを改めて明文化したようなものであれば不利益変更にはあたらないだろう。注意したい点は，服務規定の変更に加えて懲戒規定も変更する場合は，変更前なら懲戒にあたらなかったことから不利益変更となる。上記で言えば，⑤にあたることとなる。

最近の就業規則変更実態は，服務規定，休職規定，懲戒規定等の変更が目立つが，多くの場合において不利益変更が含まれているようである。

就業規則の不利益変更は，労働者の合意がなければできないということが原則である。例外として，諸事情を照らして認められるケースもあるが，ハードルは決して低くない。

ここで最近の裁判例を一つ紹介する。

パチンコスロット店等を業とする会社を退職した元従業員等4名が，就業規則変更を無効と主張し，変更前の就業規則に基づいて賃金差額や退職金を求めた事件である（ケイエムティコーポレーション事件，大阪地裁平成29年2月16日判決）。

① 元従業員等は平成11年就業規則を知らなかったと主張するが，当時実際に運用され，従業員が閲覧しようと思えば可能な状態に置かれていたため，有効である。

② 会社は，就業規則が不利益変更にあたるとしても，元従業員等は合意して署名押印しているから有効であると主張するが，元従業員等の自由な意思でなされたものと認めるに足る合理的な理由が客観的に存在するとは認められない。

③ 平成20年及び21年変更後の就業規則は，平成11年就業規則と比較して不利益の程度が相当大きく，他方で変更の必要性等の事情が明らかでなく，同変更は合理性があったとは認めれないから，無効である。

④ ③により，平成11年就業規則に基づいて，賃金差額（提訴前2年分）及び退職金の支払いが命じられた。

事業所にとって数千万円単位の支払いを命ぜられた恐ろしい判決である。

まず，平成11年当時の就業規則は周知・運用等の実績から有効とされた（①）。

平成20年・21年の不利益変更については，元従業員等が自ら署名押印しているにもかかわらず，自由意思に基づくものと認められなかったのである（②）。

合意のない就業規則の不利益変更ということで，労働契約法第10条の例外が認められるかどうか検討されたのが③である。結果は，不利益の程度が大きいなど，無効とされた。

この結果，平成11年就業規則がそのまま効力を有するということになったのである。平成20年・21年就業規則変更によって，賃金減額や退職金支給の事実上廃止を定めたのだが無効とされ，賃金差額と退職金支払いを命ぜられることとなった。

本判決から学びたいことは，次に集約できる。

① 不利益変更について個々の労働者の合意を取り付け，書面を交わしていたとしても，これだけでは全く安心できないこと

② ①のため，例外として労働契約法第10条によって認められる基準の就業規則変更としておきたいこと

一言で不利益変更と言っても，様々な内容がある。裁判所が事業所に対して厳しい判断をする傾向が強い事項は，ある程度決まっている。

　「賃金（賞与，退職金を含む），労働時間」である。中でも圧倒的に賃金である。

　例えば，退職金規定を廃止したいときは，まず最初に「今後採用する者に対し，退職金を支給しない」ことから始め，在籍労働者に対しては経過措置等を採るべきなのである。少なくとも，その時点で退職した場合の退職金額は最低保障する必要がある。

　就業規則の不利益変更，特に賃金に関する不利益変更は，その時点で労働者の合意を得ても，将来有効と認められる保障がない。どうしても不利益変更せざるを得ないときは，労働契約法第10条の基準を満たす努力が必要不可欠だといえる。

（「社会保険労務士の独り言」No.211，平成29年8月26日）

精神疾患労働者への対応と休職規定

　鬱病等の精神疾患に罹る人が激増している。

　精神疾患は，心の病ともいわれる。それだけ心が弱い日本人が激増したということならば，非常に残念な現実である。一方で，昔は精神疾患に対して一種の偏見のようなものがあった。現在の基準なら精神疾患と診断される者でも，昔は診察等を受けずに耐えていたのかもしれない。

　精神疾患の症状等は，個人差が大きい。重い症状の場合は，自殺に至ることがあるため，恐ろしい病気だといえる。一方で，自己申告によって診断されるしくみから，客観的に詐病と疑われるケースがあることも現実である。周囲の者が客観的にみたとき，果たして精神疾患にあたるのかどうか，あたるとしても，治る見込みや悪化した場合にどうなるのか等について，ほとんどわからないというのが現実だろう。

ほとんどわからないにもかかわらず，雇用する労働者が精神疾患に罹患したらどう対応すればよいか。非常に難しい問題である。

　反対に，ある程度わかっているとしても，精神疾患の症状等は個々に異なるため，落とし穴が潜んでいる可能性も考えられる。

　鬱病等の精神疾患は，他人事ではない。既に雇用する労働者が鬱病に罹患した経験を持つ事業主は少なくないが，まだそのような経験が無くても，いつ現実となるかわからない。

　弊所の関与事業所の実例として，労働者数２～３名という少規模な事業所においても，実際に労働者が鬱病に罹患した例がある。

　事業所の精神疾患労働者への対応と休職規定について検討したい。

1.　鬱病等の発症原因

　平成２年３月に大学を卒業し，同年４月に新社会人となった者がいた。この者は，平成２年11月頃までは，出勤した日の翌午前４時，５時頃に帰宅していたが，その後勤務先で徹夜することが多くなった。そして平成３年８月27日，午前６時頃帰宅し，弟に病院に行くなどと話し，午前９時頃に職場に電話して会社を休むと告げた。しかし，午前10時頃，自宅風呂場で自殺していることが発見された。

　この自殺事件は，遺族によって提訴され，最高裁は過重な労働によって鬱病に罹患し，衝動的，突発的に自殺したと認定し，会社に損害賠償を命じた。本人には鬱病親和性等が認められるとしつつも，その性格が労働者の個性の多様さとして通常想定される範囲内であるとして，過失相殺を認めなかった。平成12年３月24日，電通過労自殺事件の判決である。

　自殺は，労災にあたらない。これがそれまでの常識だった。それがこの最高裁判決で，180度変わってしまったのである。当時，本当に大きな衝撃だったことをよく覚えている。

　電通事件の翌年，平成13年12月12日には，厚生労働省が『脳・心臓疾患の認定基準』を改正する通達を出し，ここで初めて「長期間の過重業務」が認定基準に加えられたのである。

　労働者が精神疾患等に罹患した場合において，事業所が賠償責任を負うよう

では大いに問題がある。

　もともと精神疾患は「病気」である。病気は，基本的に本人の個人的な問題のはずである。しかし，いわゆる職業病だけでなく，精神疾患の場合も発症原因が業務上のものであれば，個人的な問題ではなく，事業所の責任となるのである。

　事業所が賠償責任を負うケースとは，基本的に「過重労働」，「ハラスメント」のいずれかの事実があるケースである。言い替えると，長時間の時間外労働をさせず，また，ハラスメントが起こらない環境を構築することが，事業所の重大な責任であり，リスク予防のため必要不可欠の事項なのである。精神疾患に関する対応策として，最重要事項と言える。

ポイント❶
・長時間の時間外労働をさせないこと
・ハラスメントが発生しない環境を構築すること

2. 労働者が鬱病等の診断書を出してきた

　ある日，労働者から医師による診断書が提出された。そこには，鬱病のため就労不能であり，2カ月間の安静加療を要すると書かれている。どうしたらよいだろうか。

> 労働契約法第5条
> 　使用者は，労働契約に伴い，労働者がその生命，身体等の安全を確保しつつ労働することができるよう，必要な配慮をするものとする。
>
> 労働安全衛生法第3条第1項抄
> 　事業者は，単にこの法律で定める労働災害の防止のための最低基準を守るだけでなく，快適な職場環境の実現と労働条件の改善を通じて職場における労働者の安全と健康を確保するようにしなければならない。

労働者が提出した診断書には，2カ月間の安静加療を要すると書かれている。対応方法として，実はかなり多くの選択肢がある。集約していくつか挙げてみる。

① 無視して従前どおり働かせる
② 本人と話をし，合意の上で業務量を軽減して働かせる
③ 診断書の信用性の問題から，事業所が指定する医師の診断を受けるよう指示する
④ 診断書に従って，そのまま休ませる
⑤ なんとか辞めてもらおうと考える

ほとんどの事業所は，③か④を柱とする対応をしていると思われる。しかし，小規模な事業所においては，②や⑤も少なくないのが実態である。さすがに①はあまりないと感じる。

労働契約法5条と労働安全衛生法第3条第1項を紹介したが，事業所は，労働者の安全と健康に配慮する義務を負っている。ということは，①は絶対に選択してはならない対応である。

次の②も微妙である。本人が合意したとしても，医師が就業不能と診断しているからである。仮にその後症状が増悪すれば，間違いなく事業所は責任を問われることとなる。

仮に②と③のミックスで，指定医や産業医等の診察を受け，その結果本人の主治医と意見が異なる場合はどうすればよいだろうか。指定医，産業医と主治医が直接協議し，統一見解として「業務量を軽減すれば就業可」と診断されればこの診断に従って業務軽減での対応も可能となり得る。

次の③は，その診断結果によって対応が異なる。主治医と一致すれば休ませることになるが，一致しないときの方が難しい。指定医，産業医が協力的なら主治医と協議してもらえばよいのだが，これができないときは，内容が異なる二つの診断書でどう判断すればよいのか悩まなければならなくなる。仮に鬱病でないということで働かせた結果，症状が増悪したら事業所が責任を問われかねないのである。

即ち，③の選択は少なくないが，それが主治医の診断を覆すことを目的とす

るのであれば，その効果は疑問となる。常用労働者数50名以上の事業所は産業医が選任されているから，③を選択するのは当然のことだろう。しかし，産業医を選任していない事業所の場合，個々の諸事情によっても異なるが，あくまでも事業所として慎重に確認したという記録を残すことを目的とする方が無難だといえよう。

次の④は，一般に多い選択である。しかし，既述のとおり，産業医を選任している事業所は，少なくとも産業医に意見を聴いておくべきである。産業医を選任していない場合は，そのまま休ませても特段問題は無いだろう。

最後の⑤は，鬱病に罹患した労働者の日頃の態度が悪かったり，能力が低い場合等によく相談を受けるパターンである。症状の具体的な内容等にもよるが，仮に退職勧奨の結果合意を得られたとしても，後日合意が無効とされる可能性が残される。鬱病等のため，正常な判断能力を欠いていた，又は錯誤無効等の主張の余地があるためである。原則として，対応が難しい場合が多い。

五つの選択肢に沿って検討したが，はっきりとしていることがある。それは，事業所が医師の診断等の根拠無く対応を決定してはならないということである。③は医師の診断を求める行為であるが，④のそのまま休ませる場合も主治医の診断書に基づいているし，②の業務軽減も最終的に医師の判断によるべきことを述べた。そして，⑤も本人が正常な判断能力を有していると医師が診断するのであれば退職勧奨等も可能なのかもしれない（お奨めしないが）。

> **ポイント❷**
> ・事業所だけで判断しないこと
> ・医師の診断等に基づいて，対応を決めること

3．休職規定

3－1　休職規定の意義
精神疾患に罹患した労働者を休ませるとして，事業所は不安が募る。

① いつまで休むのだろうか

② 治るのだろうか，治ったら復職するのだろうか
③ 休んでいる期間，周囲の労働者は大変ではないだろうか
④ 代替労働者が必要ではないだろうか

労働契約とは，労働者が労働し，事業所がこれに賃金を支払うことについて合意して成立する。労働者が労務不能であれば，契約の目的を達成できないため，法律上当然に契約解除（＝解雇）事由となる。

しかしながら，臨時アルバイト等でもない限り，長期間を前提とする契約である。病気にかかって2～3日欠勤することは想定内である。それなら，どのくらいの期間までなら解雇しないのかについて定めておこうというのが，休職規定である。このような背景から，休職規定は，解雇猶予措置ともいわれるところである。

休職規定は，法律上定める義務はない。しかし，定めなければ，上記①～④の不安が無期限となりかねないし，長期欠勤に及んだとき，どのタイミングで解雇すればよいかも悩まなければならなくなる。休職規定を定めた方がすっきりする。

休職規定を定めるとき，絶対にしてはならないことがある。それは，大企業等の他社や，ネットで公開されているモデル規定をパクることである。特に大企業等の規定は，2年，3年等かなり長期の休職期間を保障しているケースが少なくない。一般に中小企業ではハードルの高い水準である。

財務体力的に可能な中小企業も少なくないだろうが，そういう問題でないケースもある。オーナー企業等の場合，事業主が感情的に精神疾患を理由とする長期間の休職を許せないと考えるケースも少なくないのが実態である。

原則に立ち帰れば，精神疾患は「病気」だから，医師が就業不能と診断しているのであれば，就業可能となるまで働かせるわけにはいかない，ただそれだけである。そして，その働けない期間が長期化するのであれば，その限度期間を設定するというのが，休職規定の原則的な考え方である。病気休職の場合，休職期間中に治れば復職で，治らなければ退職というのが基本なのである。

3－2　休職規定の中身

■対象者

まず最初に，誰を対象とするのか定める必要がある。全員正規労働者ばかりの事業所なら検討を要さないが，契約社員，パート，嘱託（高齢者）等が混在する場合は，対象範囲を明確にする必要がある。

この件は，事業所によって「正規労働者に限定」と「その他の労働者も含める」とに分かれる。視点を変え，「無期労働者に限定」と「有期労働者も含める」という区分方法もある。

労働契約の継続性を考えたとき，少なくとも期間の定めの無い労働者に対しては，休職規定が適用されるように規定しておくべきだろう。有期労働者も含める場合は，定める休職期間の途中で期間満了となった場合の取り扱いを明確に規定する必要がある。

■休職発令

休職に入る条件として，「私傷病により継続して１カ月欠勤したとき」のような感じの規定が少なくない。精神疾患で出勤したりしなかったりが断続すれば，永久に休職発令できないことになる。極端な事例なら，毎月１日だけ遅刻してきて早退すれば，永久に休職発令できない。

少なくとも「継続」ではなく「断続」の内容にしなければならないが，それだけでは「毎月１日だけ出勤」には対応できるが，「毎日出勤するが，必ず遅刻や早退する」には対応できない。ということは，断続とするだけでなく，別途「傷病のため通常の労務提供に支障があると認められるとき」等の条件も必要となる。

■休職期間

規定としての休職期間とは，傷病等のため就業不能であっても，一定期間は解雇せずに治癒後復職を認める期間というのが原則である。この期間設定が難しい。大企業等は長期間保障する傾向にあるが，中小企業は一般に短期間である。また，全労働者に対して一律とする必要も無いため，役職毎，勤続年数毎等の客観的明確な基準で差異を設けても構わない。

具体的な休職期間として，中小企業では一般的に３～６カ月と定める例が圧

倒的に多い。大企業等では 2 〜 3 年とする例が目立つが，とても真似できない。

　ところで，休職期間中において本人との接触には気を遣う必要がある。事業所から直接連絡することによって，症状が悪化して責任追及されたらたまらないからである。

　まずは，あらかじめ本人が自ら定期的に症状等について自発的に連絡するようにしておきたい。目安として，毎月 1 〜 2 回だろう。長期に及ぶ場合は，1 〜 3 カ月毎程度でその時点での診断書を求めることも示しておきたい。

　事業所から連絡する必要があるときは，できるだけ文書やメール連絡としておきたい。やむを得ない場合は，まずは本人に大丈夫か確認を取るなど留意したい。直接連絡に支障がありそうなときは，主治医経由としたい。

■復職

　精神疾患に限って言えば，ここで紛争となりやすいタイミングとなる。

　ずっと就労不能と診断書が出ていたが，休職期間満了ギリギリになって突然就労可能という診断書が出てくるのである。それでも，医師の診断書であり，事業所は無視できない。かなり辛いところである。

　また，復職可能とする診断書でありながら，「軽易な業務に限る」とか「短時間労働は可」，「時間外労働は不可」などと条件付きだったりするのである。

　大企業等で人員的なゆとりがあれば，また，軽重様々な業務が現実的に存在すれば，対応できるかもしれない。しかし，中小企業，特に人員的ゆとりがない事業所や，原業務よりも軽易な業務が存在しない事業所においては，事実上対応できないところである。

　厚労省のモデル就業規則や，大企業の就業規則を転用して休職規定を作成すると，「軽易な業務」に職種転換させるようなことが規定されていたりするからたまらない。実質的に対応できないのであれば，原業務復帰ができないときは復職を認めないよう規定しなければならない。

　悩ましいのが，「短時間労働のみ可」，「残業不可」等の場合である。

　実はこの二つは似ているようで大きく異なる。「短時間労働のみ可」であれば，元々の労働時間の就労ができないことを意味する。原業務について，労働契約どおりに復職できないということなので，この場合も復職を認めないと規定す

る対応が考えられる。ただ，部分的でも就労可能となり，相当期間経過後には通常どおり就労可能となる可能性が見込まれていれば，紛争となったときに勝てる保証はない。

「残業不可」は，本当に悩ましい。残業が前提であったとしても，元々の労働契約の根本的な部分については就労可能であり，残業不可であることだけをもってのみ復職を拒否して良いかという問題が生じるのである。

人員的ゆとりがない事業所においては，休職者が中途半端に復職すると，かえって周囲の労働者に迷惑が及ぶ可能性も少なくない。事業所は，万一紛争になった場合のリスクを恐れて復職させるよりも，労働者全体にとって実質的に有効な対応をすることを選択すべきときもあるであろう。

このように考える場合は，極言すれば，復職条件は「休職前の原業務について通常どおり何ら支障なく労務提供可能な水準」でなければならないことになる。ただ，裁判例では，完全に従前どおりの水準を復職条件としているケースについて，事業所に対して厳しい判断をしがちだという残念な現実があることは認識しておかざるを得ない……。

■復職支援

大企業を中心に，復職支援制度を設ける例が増えてきている。もちろん法律上このような制度を設ける義務はない。仮に設けるとすれば，その目的は「人材流出防止」，「労働者への福利厚生制度」等ということであろう。

失いたくない人材を引き留める視点では，有効であろう。一方で，不要な人材をいつまでも抱え続けなければならなくなるリスクもある。法律上の義務でないため経営判断となるが，実際の支援制度の中身について，他の労働者が疲弊しないよう留意したい。

■再休職

精神疾患は，再発率が高いことで知られる。再発する都度，休職規定が一から適用されるとすれば，「復職後すぐに再休職」を何年も続けることも可能ということになってしまう。

極端な例として，ある方から聞いた話であるが，休職期間1年で，最後の日に出勤して翌日からまた1年休職を繰り返し，なんと定年まで在籍し続けたと

いう人がいるそうである。びっくりする話だが，公務員の事例である。

　民間事業所の場合，休職期間中は給与を支給する義務がないとしても，社会保険料負担はある。事業所にとって，休職の繰り返しという抜け道は防いでおかなければならないのである。

　最低限必要だと考えられるのが，復職後6カ月～1年程度以内の再休職については，特別な定めをすることである。一般には，同じ事由で再休職となった場合は，前後の休職期間を通算するというものである。ここで注意したいのが，「同じ事由」である。客観的に同じ症状であっても，精神疾患の場合は様々な症名が付されることが珍しくない。即ち，「同じ事由」が，全く同じ事由と解されないようにしておく必要がある。

　他にも，休職回数に上限を設ける方法や，通算休職期間に上限を設ける方法がある。もちろんこれらから一つを選択するのではなく，すべて適用できるよう規定して構わない。

■期間満了

　休職期間を満了しても復職できない場合は，退職となる。この「退職」についても，自然退職と規定するか，解雇すると規定するかでは，労働法上の取り扱いが異なってくる。もちろん，自然退職としておくべきである。

　運用上注意したい事項は，休職期間が満了したにもかかわらず，そのまま休職扱いを継続することである。意外であるが，実はこのような例は偶に見受けられる。退職が惜しまれる者である場合や，単に事業所が休職期間満了日を意識していないケース等に生じるようである。休職期間満了後もそのままにしてしまうと，二度と明確な休職期間満了日が到来しないため，後日紛争の種になりかねない。それよりも，「悪しき先例」となって，後日事業所に深刻な被害をもたらす可能性が考えられるところである。

　中には，優秀な人材の流出につながることを危惧する意見がある。しかし，退職後に復職可能となった場合において，再雇用して構わないのである。問題点として，継続勤続期間により退職金等に影響があることが考えられる。一定期間内の再雇用の場合においては，退職金計算における継続勤務期間を通算するよう規定することも検討可能ではある。

（「社会保険労務士の独り言」No.214，平成29年11月29日）

退職金規定と従業員区分の定義

►参照記事：『日本経済新聞』平成27年11月18日付
「非常勤の退職金認めず　最高裁が逆転判決」

　退職金は，法律上支給する義務はない。ところが，労働契約の内容である就業規則に退職金規定を定めれば，その退職金規定に従って支給する義務が生じることになる。

　もともと退職金規定を定めるかどうかは事業所の自由である。退職金がなくても合法であり，実際にそのような事業所も少なくない。中には，退職金制度を廃止して，在職中の給与を増額する事業所もある（一般に「退職金前払い」等という）。さらに定める場合も具体的にどのような規定とするかについても事業所の裁量なのである。「パートには退職金はないよ」という事業所が多いが，それは，退職金規定において支給対象者からパートを除外する定めをしているからなのである。

　記事の事件は，中学校の非常勤職員が，33年間勤務して退職後に退職金約1090万円の支払いを求めて提訴した事案である。おそらく就業規則に「非常勤職員には支給しない」という規定があるのだろう。一審は，請求を却下した。しかし，二審（福岡高裁）は，勤務実態が常勤職員と同じことを理由として，請求額全額の支払いを命じたのである。最終的には，最高裁は，勤務時間等が常勤職員と同じでも，採用の形態等から退職金の支給対象者に該当しない特別職であるとして，請求を退けた。

　就業規則を確認したわけではないが，「常勤職員」だけに退職金が支払われる規定であることが推測できる。そして，驚くべきことに，常勤職員でない非常勤職員に対し，高裁は，勤務実態が同じであることを理由に全額支払いを命じたのである。高裁の裁判官の数は，3名である。即ち，わが国の法律解釈の専門家であるはずの裁判官の複数の者が，就業規則の定めよりも，勤務実態を重く見て退職金支払いを命じる判決を下したのである。最高裁で逆転したのが救

いだが，労働法関係でよくみられる「危ない兆候」だといえる。

退職金制度は，元々支払う義務がないところ，事業所が定めた規定に従って支給されるものである。支給対象者を常勤職員に限定すれば，常勤職員にしか支給されないのである。問題は，この「常勤職員」の解釈である。事業所内で問題なく判別できるとしても，これを事情を全く知らない第三者に対して証明できなければならない。即ち，「常勤職員」の定義を定め，特別職と何が異なるのか明らかにしておくことで，潜在リスクを抑制できるのである。また，実際の運用においても，例えば責任の程度が異なる等，何が違うのか確実に説明できるように運用しておきたい。退職金の問題だけでなく，同一労働同一賃金の原則の問題もあるからである。現時点で日本は同一労働同一賃金の原則を導入していないが，既にパートタイム労働法においては，正社員等と同視すべき者について，同じ賃金とするよう定められている。

懲戒権行使と法律上の取扱い

1. 懲戒権の根拠

労働契約に付随する事業所の権利の一つとして，懲戒権がある。

この懲戒権の根拠について，法律に明文規定があるわけではない。明文規定がなくても，「当然に認められる権利」と考えられている。次のとおり，最高裁もこれを認めている。

> **国鉄札幌運転区事件**（最高裁昭和54年10月30日判決）
> 　企業は，その存立を維持し目的たる事業の円滑な運営を図るため，それを構成する人的要素及びその所有し管理する物的施設の両者を総合し合理的・合目的的に配備組織して企業秩序を定立し，この企業秩序のもとにその活動を行うものであって，企業は，その構成員に対してこれに服することを求める

べく，その一環として，職場環境を適正良好に保持し規律のある業務の運営体制を確保するため，その物的施設を許諾された目的以外に利用してはならない旨を，一般的に規則をもって定め，又は具体的に指示，命令することができ，これに違反する行為をする者がある場合には，企業秩序を乱すものとして，当該行為者に対し，その行為の中止，原状回復等必要な指示，命令を発し，又は規則に定めるところに従い制裁として懲戒処分を行うことができるもの，と解するのが相当である。

要約すると，次のとおり。

事業所の秩序維持のため，規則を定め，又は具体的な指示命令をすることができる。そして，これに違反する労働者に対し，必要な指示命令を発し，又は規則に従って懲戒処分をすることができる。

懲戒処分は，事業所の秩序維持に反する行為があったときに行使し得るということである。認識しておきたいのは，「秩序維持違反」に該当する範囲の問題である。

単に気に入らない場合や，能力が低い等の理由では，懲戒処分の対象とはなり得ないことはわかりやすい。

秩序義務違反にあたるのは，あらかじめ「秩序」が明確にされており，その「秩序」に反する行為があった場合に限られるのである。

では，「秩序」とは何だろうか。どうやって明確にするのだろうか。

2. 懲戒処分の前提条件

「秩序」とは何であり，どうやって明確にするかについて，端的に示す最高裁判例を紹介する。

フジ興産事件（最高裁平成15年10月10日判決）
　使用者が労働者を懲戒するには，あらかじめ就業規則において懲戒の種別及び事由を定めておくことを要する（最高裁昭和54年10月30日判決参照）。

> そして，就業規則が法的規範としての性質を有する（最高裁昭和43年12月
> 25日判決）ものとして，拘束力を生ずるためには，その内容を適用を受ける事
> 業場の労働者に周知させる手続が採られていることを要するものというべきで
> ある。

「秩序」とは，就業規則の規定ということになる。確かに明確に示される。

その上で，就業規則が効力を有するためには，「周知させる」ことが求められ
ているのである。

たまに就業規則を労働基準監督署に届け出て受付印をもらい，そのまま金庫
や社長の引き出しで眠らせているケースがある。これでは周知させていないこ
とになり，就業規則は効力を有さないことになる。即ち，懲戒処分ができない
ということである。

逆に，労働基準監督署への届出を怠っていた場合，そのことについては労働
基準法違反にはなるが，それでも周知させているのであれば就業規則は効力を
有することになる。懲戒処分は可能ということである。

周知させていることが要件であって，実際に個別の労働者が就業規則の内容
を把握しているかどうかは問題とならない。いつでも就業規則を確認できる状
態にあれば良いのである。

懲戒処分を検討する際は，あらかじめ就業規則の規定に照らし，規定違反（秩
序違反）の有無を確認する必要がある。

規定違反が認められる場合は，次にその規定違反が懲戒処分の対象に該当す
るかどうか確認することになる。

しかし，単にこれだけで懲戒処分に踏み切って良いというわけではない。

3. 懲戒権濫用法理

就業規則の規定に照らし，規定違反があって懲戒事由に該当する場合であっ
てもそのまますべての懲戒処分が認められるわけではない。

例えば，就業規則に「上司，先輩社員等と会ったときは，必ず大きな声で気
持ちよく挨拶しなければならない」という規定があり，「これに違反した者は，
懲戒解雇とする」との規定があったとする。

ある労働者が，先輩社員とすれ違った際，これに気付かずに挨拶しなかった場合，懲戒解雇処分とすることができるだろうか。普通に考えて，いくら何でもそれは厳しすぎると感じるのが一般的な感覚だろう。

　懲戒は，たとえ就業規則に規定されているとしても，常に有効となるわけではない。むしろ，就業規則の規定によることは単なる前提条件に過ぎず，実際に有効なのか無効なのかは，個別事案毎に検討を要するというところが実態である。

　根拠となる労働契約法第15条を確認する。

労働契約法第15条

　使用者が労働者を懲戒することができる場合において，当該懲戒が，当該懲戒に係る労働者の行為の性質及び態様その他の事情に照らして，客観的に合理的な理由を欠き，社会通念上相当であると認められない場合は，その権利を濫用したものとして，当該懲戒は，無効とする。

　「使用者が労働者を懲戒することができる場合」とは，就業規則に根拠がある場合をいう。逆にいうと，就業規則に根拠のない場合は，懲戒できない場合にあたるということになる。

　そして，「懲戒に係る労働者の行為」が，懲戒処分として客観的に合理的な理由がない場合や，懲戒処分とすることが社会通念上相当でない場合は，懲戒処分が無効とされるのである。

　条文では非常にわかりにくい。有効・無効を区分する明確なラインのような基準もなく，実際になされた懲戒処分について，事後的に検討されるような感じである。ここに，事業所にとって懲戒処分をして良いかどうか迷う原因があるのである。

4．懲戒の種類

　懲戒と聞くと，まずは懲戒解雇が頭をよぎる。懲戒解雇は，懲戒処分の中で最も重い処分とされる。

事業所には懲戒権が認められているが，懲戒の内容について具体的な定めは就業規則によって規定することになる。就業規則の規定は，原則として事業所が定めるわけだが，例えば「死刑」と規定できるかというとそうはいかない。生命を奪ったり，むち打ち等体罰的な規定をすることはできないのである。

また，解雇に付随して再就職禁止処分等もできない。たとえ非違行為があっても，その後も生活していく必要があるためである。

結局，最高に重い処分であっても，解雇する程度に留まる。懲戒処分の目的に反し，被解雇労働者によっては，「こんな会社辞められて本望だ」とか考える場合も含まれるだろう。

本人にとって最も苛酷な懲戒処分は，おそらく減給制裁だろう。実際に労働しても賃金が得られない，いわゆる「タダ働きの刑」だからである。例えば，減給処分として1年間無給処分とすれば，これはかなり苛酷な懲戒といえるだろう。

しかし，法は唯一減給処分についてのみ，その上限を規定している。1回の減給処分で可能な減給額として，タダ働きどころか「平均賃金1日分の半額」が上限とされているのである。これは，月給制であれば，概ね月給額の1／60に過ぎない額である。さらに，何度も非違行為を犯した者に対しては，1カ月の賃金の1割を超えて減給できないという規制もある。

この結果，おそらく最も苛酷となり得る減給処分は，事実上ほとんど痛みを伴わない処分としてしか実施できないこととなっているのである。

前置きが長くなったが，一般的な懲戒処分の種類として，次の処分が挙げられる。

① 訓戒，戒告，譴責
② 減給
③ 昇給停止
④ 謹慎，出勤停止，懲戒休職
⑤ 降格
⑥ 諭旨退職，諭旨解雇
⑦ 解雇

以上のような懲戒の種類の中から，事業所毎に就業規則で具体的に定めることになる。

　①について，名称はいろいろあるが，事実上「厳重注意」的な処分であり，減給等の制裁は伴わない。一般に，始末書，顛末所等を提出させ，以後繰り返さないことを約させる程度の処分である。

　②は既述のとおり，上限額に規制がある。

　③は，毎年昇給することが前提になければ処分として成立しないため，最近は民間企業ではほとんど見かけなくなった処分である。仮に毎年昇給という前提があるのであれば，一度昇給し損なうと，その後もずっと影響があるため，それなりに重い処分となる場合もあり得る。

　④は，一定期間の出勤を禁じる処分である。その期間はもちろん無給となる。期間によっては，本人の生活にそれなりに影響を及ぼす場合が考えられる。期間の定め方について法律上の制限はない。しかし，あまりにも長期間だと賃金を唯一の生活の糧としているケースでは破綻の恐れもあることから，2週間程度が上限だと解する専門家も少なくない。しかし，仮に2週間が上限であれば，非違行為の態様からその程度で済まされない場合も考えられる。また，失業等給付における給付制限期間は3カ月であるし，上限は3カ月程度まで問題ないと考える。上限が3カ月であっても，実際の処分は1週間でも2週間でも構わないのである。

　⑤は，役位等を降格させ，又は剥奪する処分である。担当する職務の種類の変更によって給与改定を伴うことが多く，それなりに重い処分となる。反対に，無役の平社員に対しては為し得ない処分でもある。ちなみに，降格は懲戒処分としてではなく，人事権行使として適材適所の配置転換の一環として行うことも可能である。そのため，降格を検討する際は，懲戒処分として行われるべきなのか，人事権の問題で行われるべきなのか，よくご検討いただきたいところである。

　⑥は，懲戒解雇の情状酌量的な位置づけのもので，懲戒解雇では履歴も傷つくため，また，退職金不支給となることも多いため，これらを温情的にかばって退職させる処分である。形式的には，本人から辞表を提出させるケースが多い。

　⑦は，懲戒解雇である。一般に，退職金も不支給とされるなど，重い処分で

ある。そのため，解雇無効を争われるケースも増加している。

　以上のとおりであるが，各事業所毎にオリジナルの処分を検討することは構わない。ただ，「就業規則全文書き写し処分」等は，不当に根拠のないことをさせる行為で違法とされる。「バケツを持って廊下に立たせる処分」は，肉体的苦役であり認められない。結局ほとんど既述の例に絞られてきてしまうのが現実である。

　オリジナル性を求める場合は，処分の名称は自由であることから，名称にこだわるのも手かもしれない。

5. 懲戒処分の合理性・相当性

　懲戒処分もそう簡単に認められないことはご理解いただけたと思う。あとは，懲戒処分の有効・無効の判断に影響を及ぼす事項について，どのような点に注意すべきであるかまとめておきたい。

　懲戒処分とする前に，必ず確認すべき重要な事項である。

■規則明定の原則

　既述のとおり，就業規則に懲戒事由として根拠を有することが必要不可欠である原則。刑法の「罪刑法定主義」に類似する考え方である。

　就業規則の規定にも，工夫が欲しい。裁判官は，刑法において「疑わしきは罰せず」という考え方を有しており，この考え方を基礎に懲戒処分の当，不当を判断する傾向がある。例えば，状況証拠的に横領したことがほぼ間違いないとしても，本人が一貫して否認して確たる証拠がない場合，懲戒解雇を無効とする裁判例もある。懲戒事由として「横領したとき」に限定せず，「金銭管理等を怠り，事業所に損害を与えたとき，又は取引先等との関係に支障を生じたとき」も規定されていれば，こちらの規定を根拠に懲戒が有効となる可能性も考えられる。

■不遡及の原則

　事後に定めた就業規則の規定を根拠とする懲戒処分が認められない原則。

例えば，ある日から職場内禁煙と定め，違反者は減給処分と定めた場合に，その前に職場内で喫煙したことをもって懲戒処分できない。特定の労働者に対する懲戒処分を望み，当該労働者の日頃の行為等から逆算的に就業規則で禁止事項と定めて懲戒事由とするケースがある。この場合も，規定後に非違行為がないのであれば，過去の行為で懲戒処分をすることはできないのである。

　就業規則の秩序等に関する規定や懲戒事由は，定期的に見直していくことが望ましいということである。

■二重処分禁止の原則

　一つの非違行為について，二つ以上の懲戒処分は認められない原則。一事不再理の原則と同様の考え方である。

　例えば，いったん訓戒処分とし，その際の態度がなっていない等を理由としてさらに懲戒処分を追加したり加重するような取扱いはできない。

　また例えば，懲戒処分の内容を決定する前に事実確認調査等を要する場合に，いったん「出勤停止処分」とすることがあるが，これは問題がある。処分としてしまえば，その非違行為に対する処分がなされたとみなされる可能性があるためである。このような場合は，明確に出勤停止処分ではなく，調査期間は自宅待機等を命ずるようにする必要がある。ただ残念なことに，自宅待機等の休業命令による休業期間については，賃金を支払う必要があるとされている。小職の解釈は，非違行為が確定しており，必要最小限の調査期間であれば本人の非違行為に起因する休業期間であるから，賃金支払い義務はないと考えるところだが……。

■公平性の原則

　同じ非違行為に対しては，公平な処分をしなければならない原則。

　例えば，気に入らない者とお気に入りの者とが一緒に同じ非違行為をしたときの処分は，同じ処分となることが原則となる。もちろん，一方が管理職でもう一方が非管理職である場合に，管理職の方が重い処分となることはあり得るだろう。

　また，公平性の原則は，同時に同じ非違行為をした場合に限られず，過去の懲戒処分実績にも注意する必要がある。前年同じ非違行為をした者に対して処

分をしなかったにもかかわらず，今回は懲戒処分とするのであれば公平性の原則に反することになる。「先例」となって事業所を縛るのである。このことから，日頃から非違行為に対して適正な対応をしていなければ，後日労務管理に負の影響を及ぼしかねないということがわかる。なお，今回処分を不問としても，事業所全体に同時に今後同様のことがあったら厳重に処分すると周知させたのであれば，次は懲戒処分としても原則として差し支えない。

■相当性の原則

懲戒処分の具体的な処分内容（軽重等）は，「相当」でなければならない原則。

法律用語としては，「社会通念上相当」としているが，一般的な社会通念と裁判例の社会通念にはあまりにも大きな隔たりを感じる。即ち，事業所が直感的に考える相当な処分は，裁判所では「重すぎる処分」と判断される可能性が高いと考えておいてよいだろう。

例えば，上司を殴った労働者は懲戒解雇処分が相当と考えるのが一般的な社会通念だろう。しかし，偶発的な暴力で，過去に懲戒歴もないような場合は，裁判所では懲戒解雇を認めない例が多い。また，飲酒運転は当然懲戒解雇と考えるのが一般的な社会通念だと思われるが，裁判所ではプロドライバーである場合や個別事案が悪質な場合を除き，懲戒解雇を認めない例が多い。

■適正手続の原則

懲戒処分の実施は，適正な手続を経ることが求められる原則。

適正な手続について，法律上は特段の規制があるわけではない。即ち，就業規則において懲戒処分の手続を定めた場合は，その手続に従う義務が課されるという話である。

逆に言えば，就業規則に懲戒手続について何も定めなければ，この原則に抵触することはないということになる。わざわざ手続規定をおかない方がよいということがいえる。それでも，客観的にみておかしな流れとならないように処分決定することは求められる。

手続規定がない場合であっても，弁明機会付与は必要だろう。例えば横領した労働者がいても，その横領が事実かどうか本人の認否確認は必要不可欠である。仮に否認しても，そのときの言い訳等を記録し，その後辻褄が合わなく

なっていないか等の確認作業の資料にもできるのである。

＊　　　　＊　　　　＊

①規定明定の原則，②不遡及の原則，③二重処分禁止の原則，④公平性の原則，⑤相当性の原則，⑥適正手続の原則，の六つの原則は，いずれか一つが欠けるだけで懲戒処分が無効とされるものである。

労働者の非違行為について懲戒処分を検討する場合は，必ずこれらの原則に抵触しないか確認することが必要不可欠となる。

逆に言えば，懲戒処分を為し得るためには，特に就業規則の規定内容は重要で，また，常日頃における非違行為への対応も重要となるということである。

よく見受けられる例として，軽い非違行為に対して注意指導すらしない例がある。事業所は「指揮命令権」を有しているが，懲戒に関しては「指揮命令をすべき義務を負っている」と考えた方がよい。何も注意指導等をしないのであれば，それは黙認したとみなされる可能性が高く，後日事業所自らの首を絞めかねないのである。

（「社会保険労務士の独り言」No.165，平成25年10月23日）

国歌斉唱，筋の通らぬ司法判断

公立学校の教員でありながら，卒業式などで国旗に敬意を表さず，国歌を歌わず起立すらしない人が存在します。これに対し，学校側も注意指導せざるを得なくなるなど，問題が生じます。注意指導しても改善しないなら，戒告，減給，停職などの懲戒処分をもって臨むしかなくなります。ところが，国旗や国歌を否定する教員の多くは，確信犯です。思想信条による行為であり，秩序を乱しているという認識すらありません。中には，自らの主張を認めてもらおうと，裁判所に提訴するケースもあります。

この度，耳を疑うような司法判断が下されました。5月31日，最高裁は，卒業式で国歌斉唱時に起立しなかったことを理由として停職処分を受けた東京都

の公立学校の元職員二人の主張を認め，処分を取り消したのです。最高裁の判断ですから，確定します。不起立を繰り返した教員に対し，処分を機械的に重くする運用が，「自らの思想信条か教職員身分かの二者択一を迫るもので，憲法が保障する思想・良心の自由の侵害につながる」ことなどが理由のようです。

　ちょっと待ってください！　最高裁は平成23年，公立学校の校長が，教員に対し卒業式などで起立して国歌斉唱することを命じた「職務命令」は，憲法違反にあたらないと判断しているんです。

　ということは，不起立は，合法的な職務命令に従わなかったということを意味します。それも何度も繰り返すのであれば，職務命令に従う意思がないわけですから，最終的には懲戒免職処分となってもやむを得ないといえます。「思想信条と教職員身分の二者択一」を迫っていることが問題のように指摘していますが，筋が通らない話です。

　職務命令に従わない強い意思を持ったまま継続勤務しようという考え方自体が誤りです。合法的な職務命令に従うか，従えないから退職を選択するか──。この二者択一となることの何がおかしいのか，さっぱり理解できません。

　今回の最高裁の判断は，かなり危険です。「個人的な思想信条による行為であれば職務命令に反しても良い」という解釈につながりかねないからです。

　しかし，労働者を過度に保護する労働法でさえ，労働者は，「使用者に使用されて労働」する義務を負うとしています。個人の考え方や思想信条に基づく労働ではダメで，指示命令に従って労働することが義務なのです。思想信条に反する指示命令に従えないのなら，退職すればよいのです。退職したくないなら，指示命令に従えばよいのです。何も個人の権利を主張して，勤務先や周囲の他の者に迷惑をかける必要は全くないのです。

　少し話がそれました。裁判官は，客観的良心に従う義務があります。多くの日本人は，「郷に入りては郷に従え」という感覚を持ち，争いを好みません。職場にルールがあり，そのルールにのっとった職務命令には従って当然であり，従えないのなら自ら立ち去ります。このような感覚が客観性だと考えます。職務命令に従う義務よりも，一個人の思想信条を優先させた裁判所の判断は，明らかに客観的ではなく，主観的なものだといえます。即ち，裁判官個人が，思想信条として国旗や国歌を否定する信念を有しているのかと疑わざるを得ないわけです。

私には国旗や国歌を蔑ろにする者の心理は全く分かりません。おそらく，日本が嫌いなのでしょう。日本が嫌いな教員から教えられる日本人生徒は，本当に不憫です。会社に入社したところ，社会の悪口ばかり言う先輩が指導担当についたような感じでしょうか。さらに，日本が嫌いな人から裁かれる日本人は，まさに悲劇です。

　日章旗と君が代は，法律でも定められた国旗と国歌です。これらを否定することは，日本国を否定することを意味します。

　思想信条は自由かもしれませんが，日本国の将来を担う子供や若者の教育の現場や司法の分野に，日本を否定する者を関与させてはなりません。多くの日本を愛する国民にとって承服しかねる事態を，次世代に残してはならないのです。

（『産経新聞』雇用のプロ安藤政明の一筆両断，平成28年6月9日付）

注意指導

注意指導の３類型

　採用が難しい。採用が難しいだけでなく，せっかく雇用した者がすぐに辞めてしまう。このような悩みを持つ事業所は少なくない。

　すぐに辞めない労働者についても，どれだけ指導しても仕事を覚えない。仕事は覚えたが，勝手なルールをつくって指導に従わない。このような悩みも少なくない。

　そして，もうダメだと考え，退職して欲しいと思い至る。しかし，裁判例ではそう簡単には解雇は認められない。このような悩みも，決して少なくないのが現実である。

　以上の流れは，負の循環である。結局，最初の「採用が難しい」に戻ってしまいかねない。逆順に考えてみると，次のようになる。

　問題社員が生じることは避けたいから，そうならないように注意指導を繰り返す。すぐ辞めないよう，事業所における仕事の楽しさや魅力が伝わるよう努力する。既存の労働者が戦力化し，退職者も少ないため，補充採用の必要性が減少する。採用するのは，事業拡大のためであり，事業所内は明るい。そのような環境だから，すぐ辞める人も少ない。自分勝手な行動をする労働者はほとんどいないし，いてもきちんと対応する。

　なんとなくだが，以上のようなことを意識して注意指導等について検討したい。

1. 予防の重要性と思い込みのリスク

　小職は，事業所をリスクから守るため，関与事業所に対し労働時間，賃金等について，様々なアドバイスをさせていただくことが多い。

　しかし，主に40代以上の経営者は，自らの常識やこれまでの経験等を優先し，現時点における労働法対策を先延ばしすることが少なくない。決して全く理解

しないというわけではないが，心情的に受け入れられないのである。小職も，実はその気持ちがわからないわけはない。

「対策をしない」ではなく，「対策を先延ばし」するのである。いつまで先延ばしにするのか？　それは，「実際に被害が発生するまで」である。

何事でもそうだが，予防策をとっていた場合と，無防備な場合とを比較すると，実際に被害を受けたときの「被害額」は雲泥の差となる。

さらに，被害を受けた後の「善後策」に至っては，極めて甚大な差が生じる。これが労働法の分野においては，その甚大な差が以後半永久的に続くことになりかねないのである。

いかに，予防が大切か。

世間では，不払い残業代請求の嵐が吹き荒れているようである。少し前までは，「サービス残業」が問題だった。しかし，今は大きく分けて次の二つの問題が中心である。

① 固定残業代が設定されているが，その固定残業代の有効性
② ある程度の残業代は支払われているが，残業代計算の基礎となるべき記録された労働時間の正確性

ある程度は仕方ないのかもしれながい，人間は「自らの考え」に従って行動しがちである。しかし，どこからどこまでが労働法上の労働時間となるか等については，法令や裁判例によって解釈されるものであり，事業所の考えは全く関係ない。

「勝手に早い時間に出勤している」

「指示していないのに，勝手に残っている」

このような「自らの考え」に基づいた主張はよくある話である。しかし，このような主張が認められるためには，客観的にそう認めさせるために立証できなければならないし，それができないなら「自らの考え」は単に「思い込み」であって，結果的に事業所に害をなすのである。

少し話を戻すが，現在の不払い残業代紛争の二つの主流について，重要な事項をまとめておく。

■固定残業代

固定残業代については，次のすべての事項をクリアできていれば，ほぼ間違いなく固定残業代として認められるだろう。

① 採用時に固定残業代について十分に説明し，理解させていること
② 設定した固定残業代は，月45時間相当以内（又は三六協定の範囲内）であること
③ 固定残業代は，実質的に残業が少ない者にも一律的な設定をしていないこと
④ 実際の労働時間に応じて，固定残業代を超える時間外手当相当の差額を支給している実績があること
⑤ 固定残業代制度導入時において，それまで基本給等であった額の一部を固定残業代として振り分けたものでないこと

いずれも重要であるが，④は特に重要である。45時間分の固定残業代を設定し，実際に45時間を超える時間外があっても差額を支給していないのであれば，固定残業代は否認される可能性が極めて高い。

逆に，③も重要である。恒常的に月5〜10時間程度の時間外がないにもかかわらず，例えば45時間の固定残業代を設定していると，裁判官から見ると「残業代を一切払わない目的がある」と認定する可能性があるためである。

②も注意を要する。法律上，三六協定を超える時間外労働は，違法である。即ち，最初から違法となる時間数分の固定残業代を設定すること自体に，問題があるのである。

最近の裁判例の傾向から，⑤にも注意したい。⑤は明らかに不利益変更であるため，必ず労働者の合意を得て実施することが前提となる。しかし，最近の裁判例においては，「真の合意」にあたるかどうかという観点から，合意を無効と判断する例が出てきており，注意を要する。

■始業，終業時刻の把握

現在，労働局が重点をおいているのが，労働時間把握義務である。言い替えると，記録された労働時間が，実際の労働時間と合致しているか，という点で

ある。

　労働基準監督官による臨検調査は，労働者が使用しているパソコンのログ時間を調べることもある。対策として，付けっぱなしにする事業所もあるようだが，その場合は心証を害した上でメール送受信記録等まで調べられることになりかねない。

　労働者個人の都合で始業時刻より極めて早い時間に出勤する者や，必要以上に遅くまで居残る労働者がいる場合は，事業所は是正のための注意指導を行う高度の必要性がある。何もしなければ，すべて労働時間と認定される覚悟が必要である。

　タイムカードしかない場合，タイムカードに打刻された出勤時刻から退勤時刻までのすべての時間が労働時間とされてしまうリスクがある。そうならないようにするには，別途労働時間を記録する日報作成等の対策が必要となる。また，始業時刻前の労働を禁止する措置等も有効である。

2. 裁判例の紹介

2-1　ネクスト・プレシャス事件（大阪地裁平成29年3月21日判決）

　運送業である事業所を退職した6名が，不払い残業代を請求した事件。

　原告等6名が主張する労働時間に対し，被告会社は，次のような主張をした。

　「原告等は，被告が明示的かつ繰り返し指示していたにもかかわらず，その指示に反し，全く必要のない深夜・早朝に事務所に赴いたり，業務終了後に事務所にとどまるなどしていた。上記のような時間帯は，そもそも業務・職務にあったものとは解されないから，労働時間には含まれない。」

　「この業務においては，配送にあたる時間以外は，すべて完全な休憩時間となる。そうすると，仮に原告P1が午前8時から午後8時までの12時間においてこの業務を実施したとし，3回の配送を行ったとしても，その所要時間は合計4時間半までにとどまり，その余の時間はすべて休憩時間であったことになる。」

　「原告P2は，必要な時刻よりも数時間も早く出発し，かつ，到着後の休憩を記載しないという手法により，実際の労働時間よりも長く労働したかのように運転日報を記載している。」

「原告Ｐ４は，被告所有のトラックのライトを無断で色付きのものに変更したり，無断でシフトレバーを交換するなどの行為を行っていたが，このような行為はトラックに乗務している日以外には行いようがない以上，勤務時間中にしたものと考えるほかない。」

いずれも，退職した労働者等の主張する労働時間の一部について，労働時間にあたらないという主張である。

しかし，裁判所は，勝手に早く出勤した等の主張に対しては，会社が指導・注意を行っていたことを認めるに足りる証拠はないとし，休憩時間との主張に対しては，トラックから離れることができないため労務から解放されていたということはできないこと等を理由としてすべて退けた。

実際に労働しているかどうかを問わず，拘束している時間は，完全解放が保障される休憩時間を除き，すべて労働法上の労働時間となる。

仮に労働時間中に私的な行為をしていたとしても，そのことを注意指導してもなお繰り返した場合等でなければ，原則として労働時間と認定される可能性が高い。

この会社は，この６人に対し，遅延損害金を除き未払い賃金等として【合計2828万2799円】の支払いを命ぜられた。

ちなみに，遅延損害金は，退職日以後は年14.6％である。原告等は平成24年〜平成25年に退職している。即ち，平成29年の判決時点で，既に４〜５年経過しているのである。2828万2799円の14.6％は，412万9288円である。少なめに４年分としても，【遅延損害金だけで1651万7154円以上】にもなるのである。

さらに，裁判所による制裁的な性格をもつ「付加金」として，６人に対して【2393万1511円】の支払いを命ぜられた。

合計で，退職日前の遅延損害金を除き，【6873万1464円以上】という巨額である。たった６人で，この額である。この話を聞いた他の労働者も，今後退職時にはもれなく訴えることになるだろう。最早倒産の危機といってもよい状況かもしれない。

労働法を軽視し，労働時間管理や必要な注意指導を怠った結果が，あまりにも重いものになった事例である。

2－2　賃金等請求事件（東京地裁平成28年12月28日判決）

　本件は，経理課長の地位にあった者が，所定労働時間中に私的なチャットを繰り返し，しかもその内容は，顧客情報報の漏洩，会社名誉の毀損，部下への悪質な誹謗中傷，女性労働者へのセクハラ等であり，懲戒解雇された事案。

　就業時間中のチャット回数は異常に多く，7カ月間で5万0158回もあった。概算で1日あたり300回以上・時間にして2時間以上に及ぶ。裁判所は，懲戒解雇を有効と判断した。

　ところで，この労働者は，厚かましくも未払い残業代を請求した。会社側は，当然にチャットに要した時間を控除して労働時間計算すべき旨，主張した。しかし，裁判所は，次のように判示した。

　「労基法上の労働時間とは，労働者が使用者の指揮命令下に置かれている時間をいい，実作業に従事していない時間が労基法上の労働時間に該当するか否かは，労働者が当該時間において使用者の指揮命令下に置かれていたものと評価することができるか否かにより客観的に定まるものというべきである。そして，労働者が実作業に従事していないというだけでは，使用者の指揮命令下から離脱しているということはできず，当該時間に労働者が労働から離れることを保障されていて初めて，労働者が使用者の指揮命令下に置かれていないものと評価することができる。したがって，本件チャットを行っていた時間であっても，労働契約上の役務の提供が義務付けられているなど労働からの解放が保障されていない場合には労基法上の労働時間にあたるというべきである。」

　1日2時間の私的なチャット時間も労働時間として，残業代を支払わせられるのである。

　会社が，チャットしていることを認識していれば，必要な注意指導もできたかもしれない。しかし，労働者が自分の席でパソコンに向かって何かしているわけであり，パソコンの画面を覗かない限りわかり得ないのである。

　こう考えると，この時間を労働時間として取り扱い，その結果時間外労働が1日あたり2時間多く発生したとして，会社がその残業代の支払い義務を負わされることは，理不尽としか言いようが無い。

　裁判所は，「労働者は信用できないのだから，何をしているかきちんと監視しなさい」と言っているようなものである。

2－3　二つの裁判例から

　二つの裁判例からわかるとおり，実際に仕事をしていない時間が労働時間になるわけだが，【本人の判断で勝手なことをしていた時間まで労働時間になる】ということを認識しておく必要がある。

　このような時間を労働時間としないためには，注意指導が必要となる。その注意指導も，単に言えば良いだけでなく，客観的資料として残せるようなものが必要である。

　視点を変えると，「注意指導をしても従わなかった」ではなく，従うまで注意指導を繰り返すということが必要と言える。

　本当に繰り返し注意指導しても従わないのであれば，最初は軽い懲戒処分（譴責，訓戒等），それでも従わないのなら次第に重く（減給～降格），最終的には解雇も視野に入れるということになる。

　このような対応をとることなく，労働者を責めても，裁判所では一切認められないのである。

　特に残念なのが，二つめのチャット事件の判決である。会社は，職務専念義務に違反している事実を認識できなかったにもかかわらず，その負担をすべて負わされた。

　労働者が使用するパソコンは，適宜使用状況を確認する必要があるということになる。一般的な事業所では，なかなかそのような調査は行っていないと思われる。しかし，年に数回だけでも調査することで，問題の早期発見につながる可能性は考えられるところである。

3.　注意，指導

　注意や指導には，大きく分けて三つのタイプがある。

3－1　非違行為等に対して

　一つは，非違行為等に対する注意等である。

　勝手に始業時刻よりも1時間以上早く出勤する労働者がいるとする。昔なら，賞賛された行為だろうが，現在は迷惑な行為である。何故なら，出勤した時刻から始業時刻までの1時間以上について，労働時間と評価される可能性がある

からである。

始業時刻前において，業務に関する何かをしているのであれば，間違いなく労働時間となる。これに対して注意指導等をしないのであれば，労働時間として取り扱うしかなく，そうしないのなら事業所が非難されることになる。

注意指導したとしても，それでも改善されないことを知りつつ放置すれば，注意指導した意味がなく，やはり労働時間として取り扱われる。

私見は，始業時刻前の就業を禁止し，もし就業している事実を確認したら警告し，それでも従わないのであれば懲戒処分とすべきであると考える。これくらいしなければ，客観的に事業所の主張が認められないからである。

3－2　業務上のミス等に対して

次に，ミス等に対する注意指導である。本人が故意に非違行為をしたわけでなく，仕事上の誤り等に対する注意指導である。

日頃はミスもないような者がたまたま何かを誤った等であれば，問題になることはない。いつもミスばかりで，何度注意指導しても改善できない労働者が，問題である。注意指導する側も人間である。何度も同じことを言い続けると，途中から言わなくなるか，又は注意指導の言葉が必要以上に厳しく冷たいものになる可能性が高まるのである。

誰に対してもパワハラ的な者でなくても，パワハラの加害者となる可能性があるという話である。

視点を変えると，なかなか採用ができない時代にあって，既存の労働者は必要な労働力である。その労働力であるはずの者が，普通水準の仕事ができないことは，事業所にとって損害である。しかし，当初は投資と考え，指導育成に努めた結果，せめて普通水準近くまで能力を伸ばすことができれば，戦力化できる。

指導育成が難しいのだが，人格を認めつつ根気強く繰り返すほかない。

3－3　事業所の目標達成のために

最後に，事業所の目指す方向，理念等を共有するための指導等である。

ずっと以前，様々な刑罰で残酷なものとして紹介されていたものとして，次のような話を知った。

「重い石を必死に運んで，積み上げる。延々と積み上げる。そして石の山を築く。次に，築いた山から，一つ一つの石を取り崩して元の場所に戻す。」

何のためにやっているのか分からない（というよりも全く意味のない）行為である。

仕事も，これに似ている。「目的」をしっかり認識できない仕事には夢がないし，楽しくない。また，目的が分からないから，途中で道を逸れても気付かない。逆に，目的をしっかり認識していれば，何かに突き当たっても，進むべき方向は認識していることになる。

また昔聞いた話だが，一日中石を削っている者を見かけた者が，「何故，そんな大変な作業を一日中楽しそうにやっているのか」と尋ねたところ，石工は，「日本一の城の石垣を作る仕事をしているんだ」と誇り高く答えたという話を思い出した。

この「目的」を労働者に共有させるための指導等は，結果として労働者の職務遂行能力を高めることにつながる。

労働者本人も，仕事が楽しくなる。顔つきが変わる。職場の雰囲気が変わる。退職者も減少するため，採用困難による被害が減る。逆に，事業所内の醸し出す雰囲気が，採用を有利にする。

なかなかこうすべてうまく行くとは限らない。むしろ，うまく行く方が少数派かもしれない。しかし，最初から何もしないよりも，した方が良いに決まっている。目的を示し，そのことについて指導を繰り返すだけでよいのである。

まずは，事業主自身が，「目的」をはっきりと定めて示す必要がある。そして，示すだけでなく，ことある毎にその目的を認識するよう，指導するのである。

「何度も言っているが，伝わらない」とは，経営者がよく言う台詞である。「何度も」という部分は，個人差もあるが，3回〜数十回の範囲だろう。それくらい言っても伝わらなければ，伝わらないと判断したとしても，あながち間違いとはいえないだろう。

しかし，もしかしたらもう1回言えば，伝わったかもしれないと考えると，どうだろうか。そして，それを繰り返した結果，100回目，101回目で伝わる可能性はゼロではないのである（昔，「101回目のプロポーズ」というドラマがあったのを思い出した。今ならストーカーか？）。

何回まで言うべきか，それは結果を求めるのなら，伝わるまで，という答え

になる。端的に言えば，伝える側が，どこかで諦めるのか，又は諦めずに継続するのかという問題なのである。

机上の論として，言うは易し，行うは難し。

なかなか実行・継続できることでないことは，認識している。しかし，日本人の労働力人口が減少する中，必要な労働力を確保するため，そして，その労働力を伸ばすためには，「何か」をしなければならないことは間違いない。

（「社会保険労務士の独り言」No.210，平成29年7月20日）

書証の重要性

　日本の裁判は，裁判所が認定した「事実」だけを根拠に法律にあてはめて判断するしくみである。ここでいう「事実」は，「真実」とは大きく異なる。裁判所が事実だと認めたものだけが事実で，認められなければ真実であっても事実ではなくなるのである。

　多くの事業所は，「問題社員対応」という全く生産性がない事項に無駄な時間，費用，労力を大きく奪われている。

　問題社員対応は，その場しのぎの対応でも片付けることができるケースがあるのだが，下手したら後日とんでもないことになるリスクも潜む。

　一言でいえば，仮に裁判になったとき，事業所は問題社員がいかに問題社員であることを立証できるのか，そして裁判所から事実として認定されるのか，という問題を意識しておく必要があるということである。

　もちろん，意識していても，立証して事実として認められても，それが例えば解雇理由としては認められなかったりすることも残念ながら認識しておかざるを得ない。

　それでも，何も対策しないより，した方が良い。そして，どうせ対策するなら，効果的な方が良い。

　裁判所に認めさせるためには，「書証（文書）」は欠かせない。しかし，残念なことに特に中小企業において，多少何かあっても何も対応しないケースが非

常に目立つ。このことは，自らの首を絞めることにつながりかねない。

中小企業が軽視しがちな分野として，書証について検討したい。

1. 日本人の道徳観念

日本人の特徴の一つとして，「あいまい」というものがある。

はっきりと決めない。勝者，敗者はできるだけつくらない。あまり順位付けしない。小さなことにこだわらない。阿吽の呼吸が良い。

人間として，それで構わない。

古来日本人は，八百万の神々を信仰し，山の神，海の神をはじめ，見えない神々に感謝を捧げて生きてきた。現代人だってそうである。野球場には野球の神様が，トイレにはトイレの神様が，のような話は無数に存在する。

神々に失礼極まりないことをあえて言わせていただけば，「神々」自体があまりにもあいまいなのである。

日本人の特徴は，「あいまい」の他にもいろいろある。例えば，「縁起でもないことは言わない（悪い話はしたくない）」という考え方が挙げられる。

このことは，古代日本の言霊信仰に影響するものである。言霊信仰において，言葉に出して言うことを「言挙げ」という。言霊信仰は，言挙げすることで，言ったことが現実に生じるというような感じで考えていただければよい。

言ったことが，本当に生じる。だから，悪いこと，起こって欲しくないことは言ってはならない。

ある人が，「あいつは死ねばいい」と発言し，その後本当にその「あいつ」が亡くなれば，この発言を聞いたものは何かを感じる。亡くなった原因とこの発言との間には，死因として無関係であっても，そうはいかない。現代日本人も，やはり無意識に古代日本人の血をひいているのである。

神社で祝詞を奏上するときも，心の中で祈るのではなく，きちんと発声することに通じる。

結局，良い話は小さなことでもすぐに話すが，悪い話はなかなかしないのである。

もう一つだけ，日本人の特徴を挙げておきたい。「争いを好まない」である。争いが起こらないよう，みんな仲良くしていたい。多少のことは，我慢する。

　聖徳太子の十七条の憲法の時代において，第一条は「和を以て貴しと為し」である。さらに最後の第十七条は，物事は独断で決めず，皆で議論して判断するよう規定されて締めくくられているのである。

　1400年以上前から，このような日本人である。

　今でも「独断」という言葉は良い意味に使われることはほとんどなく，「みんなで決めた」と言われれば反論できない。

　ちなみに「みんなで決めた」場合は，責任の所在があいまいだったりするわけである。そうして，争いを避け，問題が生じても「あいまい」にしておくのである。

　長くなったが，整理する。日本人の特徴として，「あいまい」，「悪い話はしたくない」，「争いを好まない」の三つを挙げた。これは現代人だけの特徴ではなく，古代から連綿と続いてきた日本人の血なのである。

　そして，このことが，労働紛争をややこしく，そして事業所にとって非常に難しい問題にしているのである。

　日本は世界最古の国家である。ギネスブックにも認定されている世界の常識である。残念ながら，日本国内では歪んだ教育やマスコミにより広く周知されていないが……。

　そして，古代からずっと継続してきた日本人らしさと日本人の社会が，昭和20年を境として激変した。大東亜戦争の敗戦によって GHQ の支配下に置かれ，アメリカの都合による法律や制度が押しつけられた。これらの法律や制度は，戦後においてすぐに機能したわけではない。日本人の感覚に合致しないからである。しかし，既に戦後71年が経過し，この間，他国人が作った憲法も改正されないままだった。

　今でも，契約書その他書面等を取り交わさず，信頼関係で仕事が成立しているケースは少なくない。そもそも契約書は，お互いに約束したことを約束どおりにするなら必要ない書類と言える。契約書は，もし約束を破ったらどうするか，また，解約するときはどうするのか，等の契約締結時において「悪い話」を取り決める書類だからである。日本人の背景には，悪い話を避けようとする

特徴があるのである。

　契約と言えば，最たるものが労働契約である。雇う際に，どのようなことがあったら解雇する等の悪い話をしたいわけがない。それがいつの間にか（厳密には平成15年改正），雇入れ時に労働条件の書面交付が義務づけられ，そこには「退職に関する事項（解雇を含む）」を明示しなければならなくなった。

　その結果，労働者が入手する書面は戦後型だが，経営者の頭の中は古来からの日本人のまま，というケースが生じるのである。そして，労働紛争が生じれば，戦後ルールで裁かれるのである。

2. 悪い労働者20選

　事業所は，「人」を雇用し，事業を展開する。「人」を雇用するということは，労働契約を締結したということになる。労働契約を締結したということは，その雇用した「人」は労働基準法をはじめとする各種労働法令により厚く保護されることになる。

　この労働関係法令が曲者で，「労働者＝善」，「事業所＝悪」が前提となって規定されている。悪い労働者でも労働法が保護し，その結果どんなに人を大切にする事業所であっても，たった一人の悪人に対して法律上無力となる。

　雇用した「人」全員が，思いどおりに仕事してくれれば最高であるが，そうはいかない。そうはいかない中でも，「上，中，下」と分類されるくらいなら我慢できる。これが「上，中，下，悪」となると，問題である。

　一言で「悪」といっても，種類が多すぎる。悪にも極悪から小悪まで，そして，そのそれぞれに様々な態様がある。そこで，多くの事業所でよくありそうな「悪」20選を挙げてみる。

■悪い労働者例20選

① 挨拶をしない，しても声が小さい・暗い
② 遅刻や欠勤が目立つ
③ 報告，連絡等をしない
④ 指示に従わない
⑤ 指示がないと何もしない

⑥　反抗的，反論的，自分の考えに固執する

⑦　約束を守らない

⑧　権限を越えて勝手なことをする

⑨　協調性（コミュニケーション能力）が低い

⑩　就業時間中に私的行為をする，居眠りする

⑪　嘘をつく

⑫　言い訳する

⑬　責任転嫁する，非を認めない，謝らない

⑭　人の悪口を言う

⑮　やる気が感じられない

⑯　同じようなミスを繰り返す

⑰　情緒不安定で周囲にあたる，感情むき出し

⑱　後ろ向きな話が多い，否定語が多い

⑲　能力が高くないのに努力しない

⑳　仕事が中途半端で責任感がない

「悪い労働者20選」をみて，どう感じられただろうか。

横領，暴行等の比較的重い刑法犯等はあえて外している。一発で解雇できるような悪質な非違行為ではなく，日々「よくある悪」ばかりを挙げているのである。

何故そうするかというと，これらの「よくある悪」を見過ごすことが，「極悪」の潜在リスクとなりかねないからである。

労働者には，労働法という強烈な武器がある。

裁判例においては，労働者はある程度悪いことをしても，なかなか解雇は認められない。多少悪いことをしても，激しく叱責されればパワハラ被害者としてふるまえる。きつい日や気分が乗らない日は，労働契約による労働義務違反であるにもかかわらず，ちょっと病院に行って休めばほぼ絶対に問題にならない。年次有給休暇を取得すれば，働かずに給与をもらえる。

事業所には，何もない。あるのは，「労働者の権利」とやらを保障する義務である。いや，一つだけある。「指揮命令権」である。事業所は，労働契約により

賃金支払い義務を負うが，賃金という金銭を支払って「労働力」，「労務の提供」を買っていると言われる。しかし，間違っているとは言わないが，実態は少し異なる。「指揮命令権」を買っているのである。

労働契約による始業時刻から終業時刻までの間は，休憩時間を除き，労働者は事業所に「使用されて」労務提供する義務がある。「使用されて」とは，「指示命令に従って」ということであり，指揮命令権なのである。

事業所の指示に従わないことは，原則として労働契約違反なのである。

ここで問題が生じる。事業所は，指揮命令権を行使し得るわけだが，行使しなかったらどうなるのだろうか。

例えば，指示した業務と異なることをしていた労働者がいることに気付いたとする。一応，異なる業務も全く不要な業務ではなかったと仮定する。ここで，日本人の特徴をもつ事業所側の者は，注意すると気を悪くするかもしれないとか考え，争いも好まず，そもそも悪い話をしたくなかったらどうなるだろうか。結果として，何も注意せずそのままとなってしまうのである。

この場合，この労働者は，次に指示したときにきちんと指示どおりに業務を行うだろうか。このようなことを繰り返す内に，最初は大したことがない範囲だったのが，モンスター化しかねない。

そして，モンスター化して初めて注意指導しても，手遅れとなることがある。過去に何も注意等しなかったことについて，裁判所は「黙認」したと認定しかねないのである。その根拠として，事業所は指揮命令権を行使できたのにしなかった，と言われるのである。指揮命令権，名称は権利だが，その半分は義務でもあるように考えておかなければならないのが実態である。

以上のとおり，事業所は，あいまい，悪い話はしたくない，争いを好まない，では足元を掬われかねないのである。

3. 注意指導

職業柄，小職はこれまで本当に数多くの「悪い労働者」の実例に触れてきた。

先に挙げた「20選」に照らし，一つでもあてはまる労働者は要注意である。仮に一つ一つは些細なことであっても，放置しない方がよい。その理由は，主に

次のとおりである。

① 注意指導することで改善できる可能性も考えられる
② 注意指導しなければ，間違いなく改善しない
③ 改善しないだけでなく，さらに悪化する可能性
④ 本人だけでなく，周囲に伝播する可能性
⑤ 後日紛争になったとき，「黙認した」とされかねない

以上の理由から，たとえ小さなことでも，その都度注意指導するように心がけたい。

楽しい話じゃないから，注意指導する者にとってストレスだろう。また，本人の反応が気になるかもしれないし，逆恨みされないかと心配する人もいるだろう。それでも，注意指導しなければ，後日もっと大変なことになりかねないのである。

注意指導する際は，「あいまい」であってもならない。はっきりと，できるだけ具体的にする必要がある。

「20選」に該当する者は，悪い労働者である。このことを念頭に置いておく必要がある。仮に注意指導しても，多くの場合はすぐに改善しないのである。即ち，注意指導はなかなか一度で終わらないのである。そこで注意しておきたいことは，主に次のとおりである。

① 注意指導する側は，パワハラにあたる言動に注意
② 注意指導をしたことを，証拠として残す工夫
③ 注意指導に対する労働者の対応の状況を，証拠として残す工夫

本当に，注意指導する側が疲れ果てる。注意指導を繰り返しても改善しない相手に，さらに注意指導する者の心理状態は，初回注意指導時とは異なる。怒り，あきらめ，見放し等が根底にある。このようなとき，どうしても口調はきつくなりがちだし，表情や態度にも出てしまう。人間として，仕方ない。しかし，これが原因でパワハラと言われたらたまらない。

また，悪い労働者だから，後日紛争になったとき，ぬけぬけと「注意とかさ

れたことはありません」と言い始める可能性も否定できない。実際，都合の悪いことはすべて「覚えていない」と言い張る者は少なくない。

ここで，書面による注意指導を検討したい。書面なら良い証拠となるし，言葉で注意指導する場合と比較するとパワハラと言われる可能性は断然低い。

4. 書面注意指導の進め方

書面による注意指導において，最も重要な点は，次の事項である。

① 書面交付日の日付が記入されていること
② 事業所名，及び注意指導を受ける労働者名が明示されていること
③ 注意指導の対象となる内容が明確にわかるように記載されていること
④ 客観的に本人が確認したことがわかるようにすること

最も単純な方法は，「注意指導書」等の標題で注意指導事項を明確に記して本人に交付し，本人確認後，余白に「確認しました。氏名○○○○」と記入させ，その書面をそのまま保管するものである。本人自署なら，特に押印がなくてもよい。

仮に本人が記名を拒否したらどうすれば良いかという質問を受けることがある。拒否しても，内容を読んだことは事実だから，「読みました。氏名○○○○」で構わない。それも拒否するなら，「読みましたが，同意できません。氏名○○○○」でも良い。さらにいえば，「拒否します。氏名○○○○」でも良いのである。

要は，その文書を，本人が見たことさえ証明できれば良いからである。注意指導書等の内容にもよるが，通常であれば，「拒否します」等と記載した方がかえって労働者にとって都合の悪い書面となる場合も考えられるところである。

困るのは，それでも氏名すら書かない場合だろう。この場合は，業務命令として書くよう命じるしかない。拒否すれば，命令違反である。ただ，後日「そのような話はなかった」と言われることも想定しなければならない。そう考えると，このやりとりについては録音しておくべきだということになる。

少し話が逸れるが，録音は，書面証拠に準ずる証拠とされる。万能ではない

が，ない場合と比較すると雲泥の差である。注意指導時の他にも，録音しておくべきケースは多々考えられる。逆に，最近は悪い労働者に限っていつの間にか録音しているケースが非常に多いので注意を要する。

　前回は口頭注意だけだった場合等は，書面注意で前回の件も明示したい。1枚で，二つ分の内容となる。

　例えば，同じミスを3回繰り返し，3回目に初めて注意指導書を交付する場合は，次のような感じの内容になる。

　「貴殿は，平成28年4月25日に○○とすべきところ△△し，A課長から注意を受けたにもかかわらず，5月12日に同じミスを繰り返し，再度A課長から注意を受けた。そして5月25日，また同じミスにより，取引先及び当社の他の従業員に迷惑を及ぼしたところである。書面により強く注意するとともに，一連のミスについて，ミスの内容と原因及び再発防止対策をできるだけ詳細に報告書にまとめ，5月30日までに提出することを命ずる。」

　「始末書を出せ！」という定番の台詞（せりふ）がある。この「始末書」という用語が，少し危ない。本来は，「報告書」とさほど変わらない意味であるが，慣習により謝罪文的なイメージが強いところがある。始末書の提出を求める事業所側の者が，そう思っている場合もある。謝罪するかどうかは，内心の自由として本人が選択決定できるとされており，これを強要することは違法性を問われることになりかねない。

　事業所としては，謝ってもらう必要はない。謝らなければ，「そういう人間性の奴」と思っておけば良いのである。それよりも，非違行為等の事実について本人が認めたり，又は注意指導等を受けた事実を書面証拠で残すことに注力したい。

　本人に単に報告書を提出させても，第三者が読んで具体的に何が問題だったのか全くわからない内容であることが多い。そのため，何について報告するのかという原因となった事実について記載させることが重要である。「日付，事案の内容，原因，結果」等を記入する欄を設け，それに続けて報告するような様式を準備しておくことも重要である。

注意指導した際の本人の発言，報告書等に記載した内容も，事業所にとっては看過できないことが多い。単に支離滅裂である場合の他，明確に書いてもらいたい事項が抜けていたりする。この場合，必要な事項を明確に記載して質問形式とする書面を作成し，その書面に直接回答を記入させる方法がある。

　例えば，事業所が本当に問題視していることは「発覚するまで自ら報告しなかったこと」なのに，本人の報告書等にはこの件が一切触れられていなかったとする。この例の場合は，「何故発覚するまで自ら報告しなかったのか」という質問を記載し，その質問文のすぐ下に回答欄を設けると良い。質問事項と回答事項の両方が同じ書面に記載されるため，実にわかりやすい証拠書面となる。それでも客観的にわからない内容であった場合や，記載内容に新たな問題が浮上した場合は，再質問しても良い。

　質問事項は，一つに限る必要はない。後日のために明確にしておきたい事項は，できるだけ多く残したい。ただ，本人を中傷したり，謝罪要求等の内容にならないよう注意したい。

　書面による注意指導は，実に日本人らしくない。事業所にとっても書面作成等は面倒だし，そもそも悪い話はできれば避けたい。労働者にとっても，口頭注意と比較すると重いものがある。しかし，手間はかかるが，書証になることに加え，労働者にとって「重い」ことも重要なのである。

　今後も一個人としては，あいまい，悪い話はしたくない，争いは好まないで構わない。ただ，事業所という立場を背負ったときは，一個人であってはならない。後日のことも視野に入れ，しかるべき対応が必要なのである。

（「社会保険労務士の独り言」No.196，平成28年5月26日）

懲戒処分の留意点，
二重処罰禁止・減給処分上限

▶参照記事：『産経新聞』平成28年11月17日付
「市立病院歯科医パワハラで免職　山梨・富士吉田」

　山梨県富士吉田市の市立病院の58歳の歯科医が，看護師や歯科衛生士にパワ
ハラ行為をした等を理由として懲戒免職処分となった。市によると，歯科医は
4人の職員に対し「できないんだったら辞めた方がいいよ」等の言葉があった
ことや，適切な指示を与えず放置したりし，うち一人が精神的苦痛のため退職
したとしている。この内容だけで，これがパワハラにあたるかどうか微妙であ
る。歯科医も取材に対し事実無根と否定しているようである。市が懲戒免職処
分を決定したわけであるから，他にも相当な背景があるのだろうと推測される
が，訴訟になりかねない事案である。

　ところで，この事件に付随して，院長も「減給10分の1（6カ月）」の処分に
加え，院長職を解職されている。市立病院だから，公務員の事案である。この
件について，民間の事業所の場合どうなるのか，確認しておきたい。

　懲戒処分の原則には，二重処罰の禁止原則等がある。二重処罰の禁止原則と
は，一つの事案に対して二重に処分することができないというものである。

　市立病院の院長は，「減給処分」と「解職処分（又は「降格処分」）」の二つの
処分を受けているように感じられるかもしれない。実はカラクリがあり，減給
は間違いなく処分であるが，解職（以下，「降格」）は処分ではないのである。降
格には，「懲戒権」の行使の結果としての降格処分もあり得るが，「人事権」の
行使の結果としての降格がある。即ち，懲戒として降格処分した場合は，さら
に減給処分をすることはできないが，人事権行使で降格させる場合は懲戒処分
でないため，他に懲戒することができることになるのである。民間の事業所に
おいても，非違行為を理由に「降格処分と減給処分」を検討する話をよく聞く
が，表現には注意したい。懲戒としてはあくまでも「減給処分のみ」であり，
非違行為の内容から役職等にふさわしくないという人事上の判断を根拠とする

注意
指導

137

降格を検討していると認識しなければならないのである。

　市立病院の院長は「減給10分の1（6ヵ月）」という処分を受けている。しかし，これは公務員だからであって，民間の事業所では認められない処分内容である。労働基準法第91条は，減給処分について，1回の処分の上限を「平均賃金1日分の半額」と規制している。概算で，わずか月給の約60分の1にしか過ぎない額である。さらに，複数回の減給処分がある場合でも，上限は「1賃金支払期の総額の10分の1」としているのである。減給処分というと，かなり厳しい懲戒処分のように聞こえるかもしれないが，実質的にはほとんど痛くも痒くもない水準に規制されているのである。事業所は，これを逆手にとって減給処分を「活用する」ことも有意義かもしれない。

紛　争

「覚えてない」の考察

　日本中を震撼させた，冷凍食品農薬混入事件。マルハニチロホールディングスが，子会社のアクリフーズ群馬工場で製造した商品から農薬が検出されたこと，冷凍食品640万個を自主回収すること等について，平成25年12月29日の記者会見で公表した。

　厚生労働省のまとめでは，全国で2800人以上が健康被害を訴えている。

　現時点の自主回収率は86％（『産経新聞』平成26年1月26日付）。難しいのが，回収の対象の3分の1がPB商品であること。アクリフーズ群馬工場の記載がされていないものがあるという。業者間では特定できる記号が入っており，現行法上はこれでよいらしいが，消費者には全く分からない。この点については，法改正が検討されるだろう。

　平成26年1月25日，ついに農薬混入の容疑者が逮捕された。翌朝の『産経新聞』記事の見出しは，49歳アクリフーズ契約社員が逮捕されたことと，「覚えてない」という言葉である。

　容疑者は，犯行を否認し，何か聞かれても覚えてないと語っているという。普通に考えて，覚えてないような行為ではなく，やったのかやっていないのかくらい絶対に覚えていなければおかしい。覚えてないと回答した時点で，犯人確定と考えて差し支えないはずである。

　しかし法律は，過度に人権を保護し，有罪確定までは無罪推定する上，完全に立証されない限り有罪とならないしくみである。

　事業所に置き換えると，悪徳労働者への対応に酷似している。非違行為が発覚し，本人に確認すると，平気で「覚えてない」という者がいる。この点に焦点をあてて検討したい。

1. ブラック企業とブラック労働者

　最近，イヤなほど「ブラック企業」という言葉を耳にするようになった。会

話の中では少し略されて「ブラック」などと言われている。しかし，ブラック企業という言葉に法律上の定義はない。

定義がないため，結局は各個人の好き嫌いや感覚により，主観的に使われたりしている。ある事業所がブラック企業と言われる経緯・出所は，基本的にその事業所に雇用されている者か，又は退職した者しかいない。反対に，自らの勤務先について他の者に語るとき，「うちの会社，本当に素晴らしい！」と言う人がどれだけいるだろうか。10人中１～２人でもいれば十分だろう。

このまま安易にブラック企業等の言葉が使用され続ければ，そのうちすべての事業所がブラック企業とグレー企業に区分されてしまう可能性も否定できないのかもしれない。

一応，一般には「労働者を使い捨て」，「違法状態が恒常化」等がブラック企業の代表のように言われている。しかし，わずかな法違反一つでもブラックと言われたり，さらには気に入らないことがあっただけでブラックと言われている例が少なくないのが現状である。

ブラック企業の定義がないのだから，ブラック労働者についても定義はない。しかし，間違いなく言えることは，多くの事業所がブラック労働者のために無駄な対応を強いられ，時間や費用や労力を無駄にしていることである。

ブラック企業とブラック労働者との最大の相違点は，ブラック労働者だけが労働法で手厚く保護されている点である。

ブラック企業に勤務する労働者は，事業所がブラックなら事実上いつでも退職が可能であることに対し，ブラック労働者を抱える事業所が解雇に踏み切ることには高い障壁が立ちはだかる。即ち，本物のブラック企業はいずれ社会的に淘汰されるであろうが，ブラック労働者は悪貨が良貨を駆逐するが如くはびこる可能性が高いのである。

次の相違点は，ブラック企業の被害者は労働者であるが，ブラック労働者の被害者は事業所だけでなく他の労働者に及ぶことである。踏んだり蹴ったりである。

ブラック労働者の問題点は，事業所が被害を受け，放置するとはびこる可能性が高いだけでなく，事業所自身が責任を問われかねないことにある。

ところで，何らかの問題のある労働者の発言には，どこか共通するところがある。今回の「覚えてない」発言を知ったとき，すぐに感じたことである。こ

の発言一つだけでも，いろいろなことを考察することが可能である。

2.「覚えてない」発言の考察

　既述のとおり，ブラック労働者を一括りに定義することは困難である。ここでは，「覚えてない」発言に関し，様々な角度から検討したい。

2－1　前提
【発言時期】
　仕事上のミスや非違行為等が発覚し，調査のため質問等を受けたときに発する。指示命令を受けた者が，その指示命令自体について発する場合もある。
【発言目的】
　責任逃れ，責任転嫁又は事態をうやむやにすること。
【発言効果】
　質問者を落胆させ，又は怒らせること，及び事業所の確認，調査等を停滞させ，又は迷宮入りとさせること。
【真実】
　本当は覚えている。

　冷凍食品農薬混入事件は，工場で作業を担当する契約社員によって故意に農薬が混入されたものとみられている。当然に重大な犯罪行為である。既に逮捕されたが，まだしらばっくれようとしているようで，「覚えてない」と回答している。おそらく，後先を考えずにとりあえず逃れようとする発言だろう。

2－2　確認調査の根拠
　労働契約に付随して，労働者は事業所の指示命令に服する義務を負う。事業所がある事項について確認調査等を必要とする場合においては，労働者はこの確認調査等に協力する義務を負うのである。
　しかし，人間であるが故に，本当に忘れてしまうことや覚えていない場合もあり得る。「覚えてない」という回答が，必ず協力義務に違反したことになるわけでない点で頭が痛い。

2-3 確認調査の心構え

「覚えてない」という発言は，何らかの質問に対する回答である。労務管理上問題となるのは，ミスやクレーム等に関する質問，又は非違行為等に関する確認調査等の質問に対して回答されたときである。それも，本当に闇雲に少しでも情報を得ようとして誰にでも質問している場合ではなく，事情を知っている者として特定した労働者の場合である。

この発言の効果として，質問者を落胆させ，又は怒らせる可能性が高い。実はここに少なからず潜在リスクがある。人間の本能的な感情として，平気で「覚えてない」という者に対し，嫌悪感，敵意又は憎しみを感じることがあるだろう。この感情は，「覚えてない」という回答に対する次の質問又は発言の内容に少なからず影響を及ぼす。そして，場合によってはその内容がパワハラであると主張させる根拠につながる可能性が考えられるのである。

相手はブラック労働者である。同じ土俵に立って共倒れでもしたら，事業所にとっては大きな痛手となる。このことを念頭に，発言内容には十分に留意する必要がある。

2-4 ミス，クレームに関して

ミスやクレームの内容によって，誰の行為であるか本人が認めない限り特定できない場合がある。周囲からみて明らかな場合であっても，同様である。

重要なことは，予防的なしくみを作ることである。ミスを起こさないためのマニュアル等も重要であるが，責任の所在を明らかにするシステムも検討したい。

本来は，本人自ら反省して改心し，周囲はこれをカバーして今後同じ過ちが繰り返されないことが望ましい。しかし，ブラック労働者が混じることで，望ましい状態は一気に崩壊するだけでなく，事後の手立てすら持ち合わせない事態に陥る可能性がある。さらに，「ブラック」は伝染する可能性がある。最悪の場合，事業所存続の危機に陥る可能性だって皆無とはいえない。結論として，「覚えていない」と言わせないしくみをどこまで作れるかによって，新たにブラック労働者を生み出さないことにつながるのである。

事前のしくみと言われても，個々の事業所によって大きく異なるし，ここで紹介することは困難である。

例えば，電話応対は全件について概要と応対者を記録するだけでも，後日誰が話したのか明らかになる。日々日報を詳細に記載させることも，同様である。これらは，業務の正確性の向上や，後日の業務引継のために使用することが主目的であるが，別の視点からも役立つものなのである。ミスやクレームそのものをなくすための対策については，文書で通知するだけでなく，確認のため署名させるだけでも「覚えてない」，「見ていない」とはいえない証拠が残る。また，誰も見ていない場所で一人で作業等ができない環境を作ることも考えられる。このような細かい改善でも，かなりの対策となり得るのである。

２－５　非違行為等に関して

　次に，非違行為等の場合である。刑事事件の取り調べに類似する状況における発言といえる。

　事前のしくみにより覚えてないと言えない状況が作られている範囲であれば良いが，非違行為等の種類によっては事前防止等は全く機能しない場合も考えられる。個々の事案ごとに異なるが，一般的に有効な対応方法を何点か考えてみたい。

　「覚えてない」と言われて最も困る場合とは，本人が認めなければ他に立証することができない場合である。本人確認の前に，他の証拠等の有無の確認が必要である。その際，証拠隠滅される前に，まずは証拠となる得るものを保全し，水面下で迅速に調査することが求められる。ある程度証拠が固まってから本人に確認すれば，仮に覚えていないと主張しても，証拠を提示して再度確認することで多くの者は認めざるを得なくなるのである。証拠を残すという意味から，既述の事前のしくみ作りをどこまでやれているかが重要となる。

２－６　証拠もない，又は弱い場合

　「覚えてない」という回答に対し，事業所が証拠等がないためその後行き詰まってしまう場合が考えられる。かなりつらい状況である。

　ところで，「覚えてない」は，基本的に虚偽回答である。虚偽回答を貫くためには，本人は自ら虚偽を虚偽で塗り固めていく必要性に陥っている状態といえる。この観点から，確認調査のための質問等は，一度に限る必要はないし，単に核心部分だけでなく周辺事項について質問することが重要である。

質問のポイントは,「覚えてない」という回答ができないような質問を織り交ぜることである。様々な角度から様々な質問に回答させることによって,虚偽が剝がれるケースは決して少なくない。

また,周辺事項に関する回答内容が,二転三転することも珍しくない。これは,本人が死守しようとする核心部分の虚偽を守るため,その場で咄嗟に思いつき等で何か回答しているためである。その後の類似又は関連質問等に対し,また何らかの回答が必要となるわけだが,前回の回答と完全に矛盾しないように回答することは困難な場合が多いのである。

2－7　書面に残す必要性

当初「覚えてない」と言っていた者でも,何とか認めさせることができたとしても,そこで終わりではない。平気で「覚えてない」等と発言する人間は,後日平気で「そんなこと言ってない」と言いかねない人間であることを認識しておかなければならないのである。

このため,本人が認めたときは,とにかく認めた内容についてその場で紙に書かせておく必要がある。事実確認のための書面なので,事実だけの簡潔な内容で構わない。本人の氏名,書いた日付は記載させる。

この場合,本人からどのように書いたらよいか問われることがある。しかし,後日「記載内容を指定して強制されたためやむを得ず書いた」と主張される場合があることを想定しておきたい。まずは事実だけを書くように話し,それでも聞かれたら,本人が認めるに至った話の経緯を確認しつつ,その内容を書くように話すに留めたい。

中には,認めたにもかかわらず,書面記載は拒否する場合がある。これを強制すると,後日問題になる可能性も考えられる。この場合,拒否する理由を確認したい。最終的にどうしても拒否する場合は,拒否する旨だけを書面に記載させるという手法も考えられる。何もないよりはるかによい。

2－8　録音の重要性

「覚えてない」という者は,確認調査で話したことについても後日「覚えてない」という可能性が考えられる。また,何とか認めさせることができても,確実に書面証拠を残せるかどうか,また,残せても「強制された」等の主張も考

紛争

145

えられる。ここで重要となるのが，会話等の録音である。

　録音の効果は，会話で強要や強制がなかったことを客観的に示す資料となることや，具体的な会話内容について後日確認できることが挙げられる。もう少し突っ込むと，事業所側の質問者が，不用意にパワハラとされかねない発言等を控える効果も期待できる。

　反対に，ブラック労働者は，事業所側の者との会話等において無断で録音しているケースが非常に多いことも認識しておきたい。

3. その他の語録

　「覚えてない」の他にも多くのブラック労働者が好んで使用する語録がある。必ずしもブラック労働者が使用するとは限らないが，いくつか紹介したい。

3-1　パワハラですよ

　自分にとって都合の悪い指示命令等に対し，パワハラだと指摘する。①相手の立場を考えない自分勝手な者，②権利意識が強すぎる者，③社会人として不適格な者，④一人では何もできない者，等が使用する。

　もちろん，指示命令自体に違法性がない限りパワハラにあたらない。このブラック労働者は，そもそも指示命令に服するという労働者の基本姿勢について重大な欠陥がある。また，ブラック労働者からの提案（実態は個人的な要望等が多く含まれる）に対し，これを却下した場合等に用いられることもある。本来はパワハラ以前の問題である。

　非常に残念なことに，パワハラですよと言われてその後注意指導等を控えるようになったり，ブラック労働者の提案等をなんとか少しでも実現しようとする管理職等も存在する。事業所としては，何がパワハラにあたり，何があたらないのか，ある程度の基準等についてあらかじめ周知させておくことが望まれる。

3-2　させられた，強要された

　すべての命令に対して従順であるかの如く，「させられた」と主張する労働者が多い。①被害者意識が強い者，②義務の遂行なく権利ばかり主張する者，③

平気で嘘をつく者，④ツラの皮の厚い者，等が多用する。残業代欲しさに勝手に居残ったにもかかわらず「残業させられた」，普通の業務を命じられただけで，「不慣れな業務を強要された」等挙げればきりがない。

　このような主張をする労働者に限って，普段は何か命じても素直に応じない者が多い。命令等に従わなかった場合は，客観的に記録を残しておきたいところである。内容によっては，きちんと懲戒処分もしておきたい。

　特に労働紛争を引き起こした後によく使用される言葉である。そもそも労働契約に基づいて，業務上必要な事項をさせることに何ら違法性はない。日頃から，業務命令は業務上の必要性に基づくよう確認しておきたい。

3－3　自分なりに

　ミスやクレームの他，業務習熟度の低さその他のシーンにおいて，上長に対する言い訳のように使用される。①仕事がいい加減な者，②責任転嫁が得意な者，③自分に自信がない者，④小狡い性格の者，等が使用する。「自分なりに」という言葉により，自分としては精一杯だとしつつ，これ以上求めさせないような意味を含ませ，その場から逃れようとする卑怯な言葉であり，反省の態度や改悛の情は見られない。

　そもそも事業所は，「自分なりに」努力する者を求めていない。事業所の方針に従って努力する者を求めているのである。本人は無意識に「自分なりに」と保身に走ったつもりだろうが，空しさを感じずにいられない。

　「自分なりに」という発言の前提が個々の事案ごとに異なるが，「自分なりに」では問題があることについて，日頃から認識させるよう努めたい。

3－4　思った

　自分にとって都合の悪い事態に遭遇した場合等に，言い訳のように使用される。①非を認めない性格の者，②仕事をいい加減にする者，③相手の立場等を考えない者，④責任逃れが得意な者，等が使用する。本質的な理はなく，言い訳にすらならず悲しいはずであるが，中には「思い」を重視して対応する管理職も存在し，事業所としては非常に困るケースもある。

　そもそも個々の労働者が内心で「思った」ことを前提に何かが進められてはならない。仮に「思い」を重視するのであれば，その「思い」は事前に公表さ

れ，あらかじめ認められたものでなければならない。

「思った」と言わせない環境作りも重要である。ミスやクレームについては事前防止の対策及び発生後の対応方法等を体系化してあらかじめ周知できればかなり違ってくる。事業所が「思った」と言い得るパターンをいかに少なくしていくかが，腕の見せ所なのかもしれない。

3－5　聞いてない

ミスやクレームの他，上長等からの指摘，注意指導等に対して使用される言葉である。①非を認めない性格の者，②反抗的な性格の者，③被害者意識又は自尊心が強い者，④不誠実な者，等が多用する。

戦後教育の弊害か，知らない漢字について小中学生が「習っていない」と回答する場合がある。習ったかどうかを聞かれたときは，この回答しかあり得ないが，単に知らない漢字に出くわしたときは，「わからない」というのが正しいはずである。大人になっても「与えられる」ことでしか学ぼうとしない姿勢は，事業所にとって迷惑な存在だといえる。

ミスやクレームに対しては，適切に対応した上で今後どうすべきか確認する場としなければならない。上長からの指摘，注意指導等に対しては，たった今，指摘，注意指導等がなされているのであって，聞いてないとは失礼な物言いである。その前に，聞いてないという言葉自体が虚偽である場合も考えられる。いずれにしても，聞いた，聞いてないという話は本質から逸れている。

「聞いてない」という言葉の奥に「聞いてないのだから知らなくて当然」という保身の思いがある。しかし，このような者に限って，事前に聞いていてもきちんとできるわけではない。

既述のとおり戦後教育のため，労働者でありながら「お客様」のような感覚の者が少なくない。事業所は，自立心を育む教育を施すか，又はマニュアル化を徹底させるかという対応に迫られる。前者が望ましいが，後者の方が効果が早く，一般に受け入れられている。もし社会貢献を強く考える事業所であれば，ぜひ人間教育に取り組んで欲しいところである。

3－6　上から目線，頭ごなし

注意指導等において，使用される言葉。別に「上から目線」であることに問

題があるとはいえない場合が多く，仮に「頭ごなし」であったとしても，注意指導等は一方的なものであるため当然といえる場合が多い。そもそも，「上から目線」や「頭ごなし」という表現方法は，本人の感覚に過ぎない。①自尊心が高い者，②自分の立場を理解できていない者，③平等，対等などの言葉の意味をはき違えている者，④反抗的な者，等が多用する。

そもそも労働者は使用者の指示命令に従う義務があることについて，きちんと認識させておく必要がある。

3－7　まとめ

平気でこの手の発言を繰り返す労働者には，何かと注意しておきたい。いずれ何らかの問題を起こす可能性が高いからである。

明確な根拠はないが，小職の経験上労働紛争を引き起こすことになる労働者が多用する言葉が「パワハラ」，「聞いてない」，「上から目線」等で，引き起こした後の紛争の経過において「覚えてない」，「させられた，強要された」等の主張がなされる。

中には文句一つ言わずに突然労働紛争を引き起こす者もいるが，少数派である。紛争を起こす者は，義務の遂行なく権利を主張するタイプが圧倒的多数である。そして，責任転嫁が得意である場合が多い。これらの者は，日常の発言内容において，何らかのサインを示している場合が多いのである。

（「社会保険労務士の独り言」No.168，平成26年1月26日）

労働者は密かに労働局に相談している

▶参照記事：『日本経済新聞』平成29年6月18日付
　「「使い物にならん」蹴り　パワハラ相談　最多の7万件　28年度」

平成28年度において労働局に寄せられた労働相談件数が公表された。厚生労働省のホームページで公開されている内容から，次の結果となった。

1　総合労働相談，助言・指導申出，あっせん申請のすべてで前年度と比べ増加。総合労働相談件数は113万741件で，9年連続100万件を超え，高止まり。
　　・総合労働相談件数　113万741件（前年度比9.3％増）
　　　うち民事上の個別労働紛争相談件数　25万5460件（同4.2％増）
　　・助言・指導申出件数　8976件（同0.6％増）
　　・あっせん申請件数　5123件（同7.3％増）

2　民事上の個別労働紛争の相談件数，助言・指導の申出件数，あっせんの申請件数のすべてで，「いじめ・嫌がらせ」がトップ。
　　・個別労働紛争の相談件数では，7万917件（同6.5％増）で5年連続トップ。
　　・助言・指導の申出では，2206件（同7.7％増）で4年連続トップ。
　　・あっせんの申請では，1643件（同13.2％増）で3年連続トップ。

　相談件数113万件は，半端じゃない数字である。労働局が年間250日相談を受け付けているとして，1日平均で約4523人も相談しているのである。日本の雇用者人口5380万人（平成28年平均，総務省統計局）で考えると，約47人に一人が労働局に労働相談に行っているのである。

　しかも，これらは正規の相談として記録が残された件数だけであり，実際にはさらに多いのである。「ウチの従業員は大丈夫」と思うのは勝手だが，残念ながらその確証はない。相談されても突っ込まれないよう事前対策しておくべきである。

　事例1：上司から「ぼけ，アホ」，「のろま」，「お前は使い物にならん」等の暴言を日常的に受け，後ろから腰を蹴られて転倒するという暴行を受けた。
　事例2：正社員として勤務，翌月の勤務シフトで日曜日の休日を希望したところ，「繁忙の日曜日に休む人はいらない。欠勤届を書くように」と言われ，反論したら「じゃあもうあなたはいらない。1カ月後に解雇」と言われた。

　事例の詳細はわからないが，事例1の暴行は絶対にダメだろうし，事例2の解雇もあまりにも労働法に無防備すぎる。と言いつつも，事例1の労働者は能

力不足の労働者のような気がするし，事例 2 の労働者は権利意識が高く，自分さえよければ他の労働者が忙しくても構わない問題社員としか思えない……。それでも，あらかじめ事業所を守るために必要な対策を行い，「備えあれば憂い無し」とすることを目指したいのである。

合同労組とその対応

1. 労働組合法の呪い

　現在の労働組合法は，昭和24年に成立し，昭和25年 4 月 1 日に施行された。日本国憲法が昭和21年成立・昭和22年施行，労働基準法が昭和22年成立・昭和25年 4 月 1 日施行なので，いずれも憲法を受けて成立し，同じ日に施行されたかのように見える。しかし，欺されてはならない。

　先の大戦において，ポツダム宣言を受諾し，連合国に対して降伏することを日本国民に知らせたのが，昭和20年 8 月15日である。昭和天皇による玉音放送があり，わが国は今もこの日を終戦記念日としている。

　しかし，この日を境に戦争が終結したわけではない。ソ連（当時）軍は，相変わらず満州において日本人に対する攻撃を継続したばかりでなく，8 月17日から千島列島に対する攻撃を開始した。北千島はもちろん，北方四島を占領したのも，すべて日本における戦後のことである。

　日本が降伏文書に署名したのが，9 月 2 日である。このわずか約 1 カ月後の昭和20年10月11日，連合国軍最高司令官マッカーサーは，日本民主化の 5 大改革の一つとして，「労働組合結成の促進」を提示した。これを受けて，翌11月の帝国議会に提出された労働組合法案は可決され，そのまま昭和20年12月22日に公布，昭和21年 3 月 1 日に施行された。

　昭和20年 8 月15日から，わずか 4 カ月後に公布された法律である。戦後日本の共産化・左傾化を象徴する出来事だったのである。

151

現行労働組合法は，連合国占領下において，旧労働組合法を全面改定し，旧法を廃止して新たな法律を施行する形式がとられた。そのため，今でも六法を確認すると，昭和24年法律と書かれているのである。

戦後いち早く施行されていながら，この事実を隠蔽するかのような手法に対し，巧妙かつ卑劣な手段と感じるのは小職だけだろうか。

連合国は，命令に従順で勇敢で正義感の強い日本人を心底恐れていた。この日本人の特性を押さえ込むための手段の一つが，労働紛争につながりやすい環境をつくることだったのである。

労働紛争が起これば，日本の生産力を抑制できるため，国力増長も抑制できる。当然，経済発展も抑制できる。このように，労働組合法の誕生及びその後の改正は，日本を二度と世界の大国にしないための連合国の呪いの一つだったのである。

それでも，戦前の教育を受けた多くの人々が築いたその後の社会は，力強い高度成長を生み出した。労働紛争が増加するのは，戦後生まれの世代が社会人となる頃まで待たなければならなかった。増加といっても，まだ一部の話だった。そして，戦前教育を受けた世代が引退する頃，バブルが崩壊した。

連合国の呪いは，少しずつ浸透し，いつの間にか大きくなり，バブル崩壊を契機にさらに力を強めることになって，今日の労働紛争の激増につながっているのである。

2. 労働組合法の目的

既述のとおり，わが国における労働組合法の目的は，もともと日本を骨抜きにし，弱体化させることにあった。

しかし，条文にはそのようなことは書かれていないし，直接的な目的は労働者保護である。まずは，労働組合法第1条を確認したい。

労働組合法第1条
　　この法律は，労働者が使用者との交渉において対等の立場に立つことを促進させることにより労働者の地位を向上させること，労働者がその労働条件について交渉するために自ら代表者を選出

することその他団体行動を行うために自主的に労働組合を組織し，団結することを擁護すること並びに使用者と労働者との関係を規制する労働協約を締結するための団体交渉をすること及びその手続を助成することを目的とする。

2　刑法第三十五条の規定は，労働組合の団体交渉その他の行為であって前項に掲げる目的を達成するためにした正当なものについて適用があるものとする。但し，いかなる場合においても，暴力の行使は，労働組合の正当な行為と解釈されてはならない。

やや読みにくい条文なので，少しまとめてみる。

〈第1項　目的〉
　・労使交渉において労使対等の立場に立つことを促進させること
　・労働者の地位を向上させること
　・労働者が労働条件交渉のため自ら代表者を選出すること
　・団体行動を目的として自主的に労働組合を組織すること
　・労働組合を擁護すること
　・労働協約を締結するための団体交渉をすること
〈第2項　刑事免責〉
　【刑法第35条　法令又は正当な業務による行為は，罰しない。】

　労働組合法の目的を簡単にまとめれば，①労働者の権利主張を可能とする環境をつくり，②労働者の権利主張に対しては刑法を適用せず，③一方で「労働者の義務」と「事業所の権利」については何も定めない，というものである。

　ここまで不公平な法律も珍しい。法がここまで認めれば，中には権利主張ばかりする者が出現し，制御不能となる可能性は容易に考えられる。そして実際に，昭和40年代にそのようなことが頻発するようになった。

　労働組合には，組合員の加入形態から，①企業別組合，②産業別組合，③合同労組系組合，とがある。昭和40年代の労働組合運動の主力は①だったが，現在は③となっている。

　戦後間もない占領下で制定された法律の目的は，年数を経て目的を達成し続

けているといえる。

3. 突然の団交申入れへ初期対応

3－1　組合員加入通知，団交申入れ

　ある日突然，聞いたこともない組織から，「組合加入通知書」と「団体交渉申入れ」が届く。このときの事業所の反応は，概ね次のいずれかである。

①　とりあえず放置
②　知人，同業者等に相談
③　社会保険労務士，弁護士等の専門家に相談
④　とりあえず対応
⑤　慣れており，理解の上対応

　最も賢明な選択は，間違いなく③である。

　問題となりがちなのは，①②④である。

　残る⑤は，慣れ方にもよるのだろうが，ここでは問題としないこととする。

　この通知及び申入れを発したのは，合同労組と呼ばれる一人でも加入できる労働組合である。一般には合同労組というが，ユニオンとか連合とか言った方がわかりやすい方も多いだろう。

　そして，文書に労働者の氏名が書かれていることが多いが，小職の経験上その労働者は，退職したばかりの者か，又は在職中の問題労働者である確率が極めて高い。即ち，事業所は，その氏名を見ただけで，嫌な気分になるのである。

3－2　団交申入れと法律

　団交とは，団体交渉の略語である。まず，法令を確認する。

労働組合法第6条
　労働組合の代表者又は労働組合の委任を受けた者は，労働組合又は組合員のために使用者又はその団体と労働協約の締結その他の事項に関して交渉する権限を有する。

> 労働組合法第7条(第2号)
>
> 　使用者は，次の各号に掲げる行為をしてはならない。
>
> 　二　使用者が雇用する労働者の代表者と団体交渉をすることを
> 　　正当な理由なくて拒むこと。

　初めて合同労組から団交申入れを受けた事業所が感じることとして共通する事項は，「何故うちの事業所と関係のない奴と協議しなければならないのだろうか」というものである。ごもっともである。

　例えば，企業別労働組合であれば，事業所全体の労働条件の改善を求めるなど，事業所内の協議を事業所関係者が行うものである。その協議には，事業所の現況や方針を伝え，もっと頑張ることを約束させることだって考えられるのである。労働組合にとっても，事業所が傾くことは，組合員の生活に支障を来すことが容易に想像できるし，絶対に避けなければならない事項である。即ち，究極的には，事業所と労働組合の間には，運命共同体的な関係があるといえるのである。

　しかし，合同労組は，事業所がどうなっても全く関係のない立場にある他人である。事業所の発展を願うはずもなく，そもそも加入した組合員は一人又は少数である。何故この者のために，赤の他人と協議しなければならないのかと考えることは，至極まっとうな考え方と言わざるを得ないのである。

　しかし，紹介した労働組合法第6条と第7条第2号は，事業所のこのまっとうな考えを全面的に否定する規定がおかれているのである。

　結論として，団体交渉には応じなければならないのである。

3-3　どこまで応じるのか

　団交申入れに際し，合同労組は書面に要求事項を記載している。多くの場合，事業所にとって到底受け入れられない要求事項である。

　既述のとおり，団交申入れには応じなければならないが，要求事項を受け入れる義務はない。

　団交とは，労使交渉によって，労働者の要求事項について事業所の合意を得ることを目的とするものである。しかし，事業所は団交に誠実に応諾する義務が課されているものの，要求事項に対して誠実な対応を超える義務は課されて

いないのである。即ち、到底受け入れられない要求事項に対しては、受け入れられない理由を説明することで十分なのである。

3－4　日時指定に対して

　団交申入れは、そのほとんどの場合、日時及び開催場所が指定されている。しかし、これもそのまま受け入れる必要はない。事前に指定された日時に予定が入っていれば、その予定をキャンセルしてまで団交に応じる義務はないのである。従って、団交申入れを受けたら、まずは指定日時に開催できるかどうかを決定し、回答することが最初の対応となる。

　場所については、ほとんどの場合、事業所が指定される。この指定に対し、断る理由はないと思われる。しかし、中には悪質な合同労組も存在し、一度事業所に入ったら最後、要求を受け入れるまで帰らないような脅迫めいた態度をとる場合もある。このような態度は迷惑千万で、その前に刑法に抵触しそうであるが、例の労働組合法第1条第2項によって刑事免責である。法が野放しにしているのである。

　仮に評判が悪い合同労組や、全く聞いたこともないような合同労組であったら、費用の安い会議室等を確保して、あらかじめ制限時間がある状態で臨んだ方がよい場合もある。

3－5　労働者本人への接触

　団交申入れの要求事項に関して、労働者本人に接触して話をまとめようとする事業所も存在する。

　しかし、既に団体交渉の議案として提議されているのだから、団体交渉拒否ととられてしまう。結論として、団体交渉の席上で協議する必要がある。

4.　団交において

4－1　団交の目的

　団交の目的は、事業所に対し、申し入れた要求事項その他労働者にとって有益な条件を引き出し、約束させることである。この約束事項を書面にしたものを、労働協約という。

既に紹介した労働組合法第6条に，「労働協約の締結」という文字がある。団交の目的は，この労働協約の締結と言い替えても間違いではない。

　もちろん，口頭での約束だけで終了することもある。しかし，特に退職者による団交による決定事項は，書面とされることが通常である。

4－2　団交において

　残念ながら，合同労組は団交のプロである。何故なら，彼らは団交することが本業だからである。この背景からも，よほど団交に慣れていない限り，専門家の助力が必要だといえる。

　繰り返すが，団交において，要求事項を受け入れる義務はない。日本人は，もともと正直で優しいだけでなく，協調性の高い民族である。例えば，五つくらいの要求事項があれば，そのうち一つくらいは，とか考えてしまいそうになることも実際に多いのである。

　しかし，受け入れた結果どうなるかということだけは，よく考えなければならない。実際によくある要求事項として，「今後就業規則変更その他個別労働条件の変更に際しては，事前に当組合と協議し，合意を得て行うこと」のようなものがある。このような要求を受け入れることは，事業所の人事権を合同労組に奪われることにつながる恐ろしい話なのである。

　仮に，事業所側に明確な落ち度があり，文書謝罪を要求されているとしても，安易に書面を提出するのではなく，慎重に検討しなければならない。

4－3　不用意な押印要求に注意

　協議が平行線となり，次回に持ち越すこととなったとき，当日の議事録等と称して事業所の記名押印を求められることがある。タイトルは，「議事録」等とされている。結論から言えば，絶対に記名押印してはならない。

> 労働組合法第14条
> 　労働組合と使用者又はその団体との間の労働条件その他に関する労働協約は，書面に作成し，両当事者が署名し，又は記名押印することによってその効力を生ずる。

書面作成されたものに，両当事者が記名押印すれば，それは労働協約なのである。仮にタイトルが議事録となっていても，労働協約なのである。議事録のはずが，記載された内容について，事業所はとんでもなく重い義務を背負ってしまいかねないのである。

万一議事録等に記名押印を求められたら，それは貴組合の内部資料だから，こちらが記名押印する必要はないと回答すれば十分である。さらに執拗に迫られたら，労働協約となってしまう可能性があり，今回妥結していない以上，記名押印できないと言って拒むこととなる。

本当に労働協約が成立したときを除き，事業所が押印することは全くないのである。

5. 団交の方向性

5－1　退職者

退職者による合同労組加入及び団交申入れは，そのほとんどが不払い残業代請求，パワハラ等による慰謝料請求，不当解雇等による和解金の要求等である。

不払い残業代請求に対しては，実際に不払い額があるのであれば，ほとんど交渉の余地はなく，応じなければならないところである。

パワハラ等慰謝料請求も同様であるが，この場合は，実際にパワハラがあったかどうかという問題がある。言いがかりのようなケースも少なくないし，事業所は安易にパワハラがあったと認めるべきではないだろう。

解雇不当等の要求については，一般的にその者の賃金6カ月分〜2年分くらいの要求がなされる。個別背景によって大きく異なるが，安易に妥結する必要はない。合同労組もボランティアではないため，組合員が手にした金銭の一定割合の成功報酬を組合費等と称して得ているのが実態である。即ち，交渉が難航し，費用対効果として採算が合わなくなるくらいなら，多少譲ってでも妥結しようと考えるケースもあったりする。合同労組にとっても，できるだけ短期間で成功報酬を得たいと考えていることを覚えておきたい。

5－2　在職者（退職前提）

在職者の合同労組加入及び団交申入れは，退職を前提としているケースがあ

る。この場合，既述の解雇不当等の要求とほぼ同様の交渉となることが多い。

退職前提のパターンとして，明確に退職を前提としているケースと，退職前提を隠して別の交渉をするケースとがある。

在職中といっても，休職中の者からパワハラ損害賠償を表面上の要求とすることが非常に増加したように感じる。在職者の中でも特に問題のある労働者が相手であれば，事業所も「こいつがいなくなるのなら……」と考えてしまいがちである。しかし，本人が既に退職を決意しており，出勤しない限り賃金も発生しない状況であれば，あせる必要はないケースが多いと思われる。中には，放置していれば解雇事由や休職期間満了に該当することとなる場合もあるのである。

5－3　在職者（在職継続）

最もタチが悪い。要求事項の多くは，個人的な権利主張である。対応の基本は，要求事項に対して一切受け入れないことである。

もともと問題労働者であるし，合同労組がバックについたことから，さらに問題を引き起こす可能性も高いといえる。事業所としては，労働法を遵守しつつ，粛々と対応することになる。

中には，途中で改心する労働者も存在する。しかし，安易にこれを受け入れてはならない。基本的に，一度裏切った人間がその後も繰り返すように，本心から改心したのではなく，今後長く勤務したいという思いから天秤にかけて損得計算したにすぎないことがほとんどだからである。

（「社会保険労務士の独り言」No.158，平成25年3月17日）

紛
争

非正規労働者の適正管理で合同労組対策

▶参照記事：『日本経済新聞』平成29年12月26日
「パート組合員120万人　最多更新，労組側も取り込み」

　労働組合の組織率は，昭和50年代からずっと下がり続けている。しかし，パート労働者については逆で，バブル崩壊後増え続けているのである。厚労省の労働組合基礎調査によると，昨年6月末時点のパート労働者の組合加入者数は，120万人を超えたことがわかった。

　特に中小企業にとって，一人でも加入できる合同労組は頭が痛い。企業内組合と異なり，事業所に対する帰属意識は皆無であるため，事業所の都合は完全に無視して労働者の権利主張だけとなるケースが多い。10年前から5年前くらいまでは，退職した労働者による未払い残業代請求が多かった。しかし，労働法の恐ろしさについて事業所の認識が高まって残業代対策が進んだ結果，最近は減ってきたように感じる。

　合同労組も，その運営のため資金が必要である。収入減は，組合員から徴収する組合費と「カンパ」が中心である。カンパには，団体交渉等によって事業所から引き出させた金額の一部を求めるケースもあるようである（ちなみに「カンパ」という言葉は，社会主義革命のロシア語「カンパニア」からきているという）。パート労働者にとっても，何らかのメリットが無ければ少ない給与から組合費は支払わない。即ち，その先には事業所に対する何らかの「要求」があるのである。

　事業所としては，パート等のみならず非正規労働者から足元を掬われないよう，労働法上の対策をしておく必要がある。

　まずは，下火になったとはいえ，不払い残業代対策は必要不可欠である。パート等の労働時間管理として，仮にタイムカードしか無いのであれば，タイムカードに打刻された時刻がそのまま1分単位で労働時間とされかねない。始業時刻に業務開始させ，終業時刻で終業させるよう，しっかり管理する必要がある。

次に，有期契約の雇止めや労働条件変更の問題である。雇止めするためには，あらかじめ雇止めの判断要素等を雇用契約書に明示しておく必要がある。

　最近多いのが，ハラスメントの問題である。通常の労働者と同様の配慮が必用なことに加え，パートだからと差別的な発言をすれば，パワハラになりかねない。

　そして特にこれから留意したいのが，同一労働同一賃金の問題である。1時間あたりの単価の問題もあるが，最近は正規労働者にしか支給しない諸手当が問題になるケースが出てきている。

　今後ますます，正規労働者のみならずパート労働者をはじめとする非正規労働者の労務管理の重要性が高まっていくだろう。

ハラスメントに関する最高裁判例

　ハラスメント……。

　『広辞苑』で調べると，「①人を悩ますこと。優越した地位や立場を利用した嫌がらせ。」と説明してある。

　ついでに，セクシュアルハラスメント。

　『広辞苑』は，「①性にかかわって人間性を傷つけること。職場や学校などで，相手の意に反して，とくに女性を不快・苦痛な状態に追い込み，人間の尊厳を奪う，性的なことばや行為。性的嫌がらせ。セクハラ。」としている。

　パワーハラスメント。

　「①職場で上司がその地位や権威を利用して部下に行ういじめや嫌がらせ。パワハラ。」

　『広辞苑』第六版は，7年前の平成20年発行である。さすがに，モラルハラスメント（モラハラ），マタニティハラスメント（マタハラ）等は収録されていない。

　これらの言葉に共通するのは，カタカナ語ということである。カタカナ語といって思い浮かぶのは，プライバシーである。明治日本が，外国語から和訳した造語として，経済，哲学，産業等の様々な言葉がある。しかし，当時「プラ

イバシー」だけは全くその概念がわからなかった。家に鍵は掛けず，通りを行く人から家の中は丸見え。そのような日本人は，この「プライバシー」を日本語に置き換えることができなかったという歴史がある。

ハラスメントも，実はこれと似ている。何となくわかっても，未だによくわからなかったり，本能的に受け入れ難く感じている日本人が非常に多い。

しかし，残念ながら，社会背景から避けて通れない。しかも，平成26年10月から平成27年2月のわずか半年弱の間に，マタハラ，パワハラ，セクハラに関する最高裁の判例が出ているのである。これら最高裁判例を確認したい。

1. 広島中央保険協同組合事件（最高裁平成26年10月23日）

「マタハラ訴訟」とネーミングされ，「マタハラ」を世に知らしめる契機となった判例である。

簡単にまとめると，女性労働者が妊娠中に軽易な業務への転換を希望し，これを受けて事業所が軽易な業務に転換するとともに副主任の役職から降格させ，その後育児休業から復職後においても副主任の地位に戻さなかったという事案である。判決文抜粋を紹介する。

> 女性労働者につき妊娠中の軽易業務への転換を契機として降格させる事業主の措置は，原則として同項の禁止する取扱いに当たるものと解されるが，当該労働者が軽易業務への転換及び上記措置により受ける有利な影響並びに上記措置により受ける不利な影響の内容や程度，上記措置に係る事業主による説明の内容その他の経緯や当該労働者の意向等に照らして，当該労働者につき自由な意思に基づいて降格を承諾したものと認めるに足りる合理的な理由が客観的に存在するとき，又は事業主において当該労働者につき降格の措置を執ることなく軽易業務への転換をさせることに円滑な業務運営や人員の適正配置の確保などの業務上の必要性から支障がある場合であって，その業務上の必要性の内容や程度及び上記の有利又は不利な影響の内容や程度に照らして，上記措置につき同項の趣旨及び目的に実質的に反しないものと認められる特段の事情が存在するときは，同項の禁止する取扱いに当たらないものと解するのが相当である。

そして，上記の承諾に係る合理的な理由に関しては，上記の有利又は不利な影響の内容や程度の評価に当たって，上記措置の前後における職務内容の実質，業務上の負担の内容や程度，労働条件の内容等を勘案し，当該労働者が上記措置による影響につき事業主から適切な説明を受けて十分に理解した上でその諾否を決定し得たか否かという観点から，その存否を判断すべきものと解される。また，上記特段の事情に関しては，上記の業務上の必要性の有無及びその内容や程度の評価に当たって，当該労働者の転換後の業務の性質や内容，転換後の職場の組織や業務態勢及び人員配置の状況，当該労働者の知識や経験等を勘案するとともに，上記の有利又は不利な影響の内容や程度の評価に当たって，上記措置に係る経緯や当該労働者の意向等をも勘案して，その存否を判断すべきものと解される。

　本件については，被上告人において上告人につき降格の措置を執ることなく軽易業務への転換をさせることに業務上の必要性から支障があったか否か等は明らかではなく，本件措置により上告人における業務上の負担の軽減が図られたか否か等も明らかではない一方で，上告人が本件措置により受けた不利な影響の内容や程度は管理職の地位と手当等の喪失という重大なものである上，本件措置による降格は，軽易業務への転換期間の経過後も副主任への復帰を予定していないものといわざるを得ず，上告人の意向に反するものであったというべきであるから，本件措置については，被上告人における業務上の必要性の内容や程度，上告人における業務上の負担の軽減の内容や程度を基礎付ける事情の有無などの点が明らかにされない限り，均等法9条3項の趣旨及び目的に実質的に反しないものと認められる特段の事情の存在を認めることはできないものというべきである。

男女雇用機会均等法第9条第3項
　　事業主は，その雇用する女性労働者が妊娠したこと，出産したこと，労働基準法第65条第1項の規定による休業を請求し，又は同項若しくは同条第2項の規定による休業をしたことその他の妊娠又は出産に関する事由であって厚生労働省令で定めるものを理由として，当該女性労働者に対して解雇その他不利益な取扱いをしてはならない。

妊娠，出産等を「契機」として不利益取扱いすることが，原則として許されないとの判断である。最高裁は，労働者の主張を認め，事業所による育児休業から復職後においても降格を継続したことにつき，違法と判断した。

　ちょうど最高裁判決が言い渡される平成26年10月23日付の『産経新聞』朝刊に，小職はコラムを執筆掲載した。前日以前の執筆なので，当然判決文を読む前の執筆である。ただ，一審，二審とも，副主任から降格させたことについて，事業所の主張を認めていたところ，最高裁が結論を覆すことは予想できていた。その中で，事業所の裁量である人事権を制限する最高裁の判断に対し，異議を述べた。

　役職任免は，本来的に事業所の人事権の範疇であり，本人の希望等がそのまま認められるものではない。妊娠や出産を契機とする降格が認めない原則は，人事権の制限に外ならない。しかも，本件労働者が配置されるなら退職も辞さないという理学療法士がいる等，日頃から管理職として職責を果たしていたかどうか疑問がある労働者なのである。最高裁の判断といえども，受け入れ難いものがある。

　最高裁判例は，特別なものである。原則として，その後の裁判における判断を拘束してしまうのであり，いわば新たに法律が追加されたかのようなものである。均等法9条は，妊娠出産等に関する事項を「理由として」不利益取扱いをすることを禁ずるものであるが，この判例のため，「契機として」という概念が持ち込まれてしまったのである。

　今後，女性労働者の妊娠出産に関しては，事業所は慎重な対応を求められることとなる。

　ところで，この最高裁判例が，何故か「マタハラ訴訟」と呼ばれることとなった。ハラスメントとは，原則として「嫌がらせ」であるが，本件事業所の人事権による降格が，何故嫌がらせにあたるのか，理解できない。

　本人が，妊娠を契機に軽易な業務への転換を希望し，事業所はこれに応じたのである。その際，副主任の職責を果たせないことから，役職を外したわけであるが，育児休業復職後における配属先には別の副主任が存在し，本人を副主任とするわけにいかなかっただけである。マスコミ等がハラスメントだと騒ぐが，全く理解できない。理解できない小職は，明治人だろうか。

2. 福井パワハラ事件（最高裁平成26年11月28日）

　未成年者のパワハラ自殺事件として，非常に注目された事件である。平成3年生まれの者が高校卒業直前からアルバイト勤務し，そのまま卒業と同時に平成22年4月から正社員として採用された。そして，同年12月6日に縊死した。自殺当時，満19歳だった。

　最高裁が認定した上司によるパワハラ発言等を紹介する。

「学ぶ気持ちはあるのか，いつまで新人気分」

「詐欺と同じ，3万円を泥棒したのと同じ」

「毎日同じことを言う身にもなれ」

「わがまま」

「申し訳ない気持ちがあれば変わっているはず」

「待っていた時間が無駄になった」

「聞き違いが多すぎる」

「耳が遠いんじゃないか」

「嘘をつくような奴に点検をまかせられるわけがない」

「点検もしてないのに自分をよく見せようとしている」

「人の話をきかずに行動，動くのがのろい」

「相手するだけ時間の無駄」

「指示が全く聞けない，そんなことを直さないで信用できるか」

「何で自分が怒られているのかすら分かっていない」

「反省しているふりをしているだけ」

「嘘を平気でつく，そんなやつ会社に要るか」

「嘘をついたのに悪気もない」

「根本的に心を入れ替えれば」

「会社辞めたほうが皆のためになるんじゃないか，辞めてもどうせ再就職はできないだろ，自分を変えるつもりがないのならば家でケーキ作れば，店でも出せば，どうせ働きたくないんだろう」

「いつまでも甘甘，学生気分はさっさと捨てろ」

「死んでしまえばいい」

「辞めればいい」
「今日使った無駄な時間を返してくれ」

　これらの発言は，仕事上のミスに対する叱責の域を超えて，ｄの人格を否定し，威迫するものである。これらの言葉が経験豊かな上司から入社後１年にも満たない社員に対してなされたことを考えると典型的なパワーハラスメントといわざるを得ず，不法行為に当たると認められる。
　原告の被告会社に対する請求及び被告ｂに対する請求は，7261万2557円及びこれに対する平成22年12月6日から支払済みまで年5分の割合による遅延損害金の支払を求める限度で理由があるからこれを認容。

　結果が自殺であるため，損害賠償額も約7300万円と高額である。もっとも，子を失った親の観点からは，このような額で納得できるものではないだろう。
　上司の発言内容は，明らかに地位，立場を利用して行われた業務上の必要性が認められないものである。事業所は，役職者等に対し，これらのような発言をさせないよう，注意指導を徹底したいところである。

　別の視点から検討する。
　上司によるパワハラを容認するわけではないが，発言内容から，自殺した労働者にも問題があった可能性が考えられる。
　仮に，上司による発言が，事実の指摘又はこれに準ずるものであるという前提とすれば，次のように考えられる。

・毎日同じことを注意しても，改まらない
・何か指示をしても，指示したとおりにやらない
・何か確認したり聞いたりすると，嘘をついて誤魔化そうとする

　ここで，改めてパワハラが発生する背景を確認しておきたい。
　まずは，パワハラ加害者となる者の性格的な理由が挙げられる。しかし，そのような者であっても，他のすべての者に対してパワハラ発言等をするわけではなく，相手によることが多い。

次に，パワハラ被害者となる者に，日頃の業務遂行等について問題がある
ケースが挙げられる。上司等は，立場上注意指導等を行わなければならない。
しかし，何度注意しても改まらなかったり，聞く耳を持たなかったり，反抗す
るなど態度が悪かったりすれば，どうなるだろうか。

　上司も人間である。ついつい口調が激しくなったり，言う必要のない発言に
つながることもあるだろう。また，反対に無視するようになるケースも考えら
れる。無視することも，パワハラになり得るとされている。即ち，被害者とさ
れる労働者側に問題があることが，パワハラが発生する原因となっていること
が少なくないといえる。

　事業所として認識しておきたい事項は，この点である。

　もし，能力が低い者，協調性がない者，周囲に迷惑を掛ける者，自分のこと
しか考えていない者，可愛げがない者等が従業員として存在するとする。この
者に対し，業務上必要な注意指導等は構わないどころか，むしろ必要不可欠で
あるが，その際の発言内容には留意する必要がある。絶対に，人格侵害といわ
れかねない内容の発言は控えなければならないのである。

　優秀な者に馬鹿と言ってもさほど怒らないし，特に傷つかない。これが馬鹿
に馬鹿と言うと，大変なことになる。自らある程度認識しているのだろうか，
触れられたくない「事実」を指摘されることで，必要以上に攻撃的になるので
ある。パワハラだとか言って訴える者には，このタイプが多いと認識しておき
たい。

　具体的なNGワードは，福井パワハラ事件で最高裁が認定した発言を参考に
していただきたい。他に挙げたらキリがないが，例を挙げれば，「馬鹿」，「頭お
かしいんじゃない」，「給料泥棒」等である。要は，「言う必要性のない言葉」で
あって，「本人を傷つける可能性がある言葉」と考えると，だいたい判断できる
と思う。

　ちょっと話が逸れるが，小職が20代前半でサラリーマンだった頃，「給料泥
棒」という言葉は周囲で多用されていた。何ら違和感もなかったし，今でもな
お，きちんと働かずに権利だけ主張している者に対し，「給料泥棒」だと思って
いる。重要なことは，どう思おうと構わないが，その思いを実際に言葉に出し

て発言することで，パワハラの加害者とされかねないということである。

最後に，厚労省ワーキンググループがまとめたパワーハラスメントの6類型を確認しておく。

① 身体的な攻撃：身体への直接的な暴行，傷害など
② 精神的な攻撃：脅迫，侮辱，暴言など
③ 人間関係からの切り離し：無視，隔離など
④ 過大な要求：遂行不可能な業務の強制，仕事の妨害など
⑤ 過小な要求：極めて程度が低い仕事の強制，仕事を与えないなど
⑥ 個の侵害：私的なことに過度に立ち入ることなど

3. 海遊館事件（最高裁平成27年2月26日）

セクハラ被害者が訴えた事件ではなく，セクハラ加害者に対する事業所の懲戒処分及び降格処分の取消を求めて，加害者が訴えた事件である。それも，懲戒解雇ではなく，わずか出勤停止30日と，同じく10日の処分を受けた二人による訴訟である。

「俺のん，デカくて太いらしいねん」
「夫婦間はもう何年もセックスレスやねん」
「でも俺の性欲は年々増すねん。なんでやろうな？」
「この前，カー何々してん」
「14日食事行かれへんやん。じゃいつ行こか!?」
「もうそんな歳になったん。結婚もせんでこんな所で何してんの。親泣くで」
「お給料全部使うやろ？　足りんやろ？　夜の仕事とかせえへんのか？　時給いいで？　したらええやん」
「30歳は，22，3歳の子から見たら，オバサンやで」
「もうお局さんやで。怖がられてるんちゃうん」
「もう30歳になったんやから，あかんな」

「素人と浮気しまくるのと風俗で毎月1万5000円ポッキリで身も心もすっきりしているのとどっちがいい」

「お父さんも行ってるで。絶対に浮気をしてるで」

「30歳になっても親のスネかじりながらのうのうと生きていけるから，仕事やめられていいなあ。うらやましいわ」

「チケットブースの子はみんな遊び人や，開放的や」

X1は，営業部サービスチームの責任者の立場にありながら……従業員Aが精算室において1人で勤務している際に……極めて露骨で卑わいな発言等を繰り返すなどしたものであり，また，X2は……従業員Aらに対し……女性従業員に対して強い不快感や嫌悪感ないし屈辱感等を与え……その執務環境を著しく害するものであったというべきであり，当該従業員らの就業意欲の低下や能力発揮の阻害を招来するものといえる。

そして，従業員Aは，被上告人らのこのような本件各行為が一因となって，本件水族館での勤務を辞めることを余儀なくされているのであり，管理職である被上告人らが女性従業員らに対して反復継続的に行った上記のような極めて不適切なセクハラ行為等が上告人の企業秩序や職場規律に及ぼした有害な影響は看過し難いものというべきである。

以上によれば……X1を出勤停止30日，X2を出勤停止10日とした各出勤停止処分が本件各行為を懲戒事由とする懲戒処分として重きに失し，社会通念上相当性を欠くということはできない。

事業所は，セクハラ被害者から使用者責任を問われるだけでなく，セクハラ加害者に対する懲戒処分についても争われることがあるのである。本件は出勤停止処分と降格なので，仮に敗訴しても経済的に致命的な被害を受けるとまではいえない。

しかし，これが懲戒解雇処分だったらどうだろう。本件は，平成24年3月頃の処分であるが，仮にこれが懲戒解雇だった場合，本件最高裁判決が確定するまで3年間経過しており，3年分の賃金を支払わせられることになるのである。年収300万円ちょっとでも，1000万円となる。しかも，セクハラ加害者で，全く就労していないのに，こうなるのである。

ちなみに，原審（高裁判決）は，この出勤停止処分を無効と判断している。信じられない話である。

　このことから，事業所内でセクハラ事件が生じた際に，セクハラ加害者への懲戒処分は慎重に検討しなければならないことを認識しておきたい。

　一言でセクハラと言っても，個々の事案の内容により，大きく異なる。例えば，強姦や強姦未遂等のようなセクハラの中でも最も悪質といえるような事案であれば，懲戒解雇をもって臨むほかないと考えられる。

　一方で，加害者に悪意がなく，しかも発言だけであって，その発言内容も客観的に軽微な部類である場合等が悩ましい。セクハラ事件である以上，被害者が存在する。客観的に軽微であっても，被害者の主観としては重大な問題である場合が多く，加害者への懲戒処分の程度が軽いことが，被害者の事業所に対する心情の悪化につながりかねない一面もある。

　一般的に多いのが，役職者によるセクハラ事件である。そして，一般的によくある処分が，降格処分である。しかし，降格はわざわざ懲戒処分として行う必要は無く，管理職として不適格という観点から人事権による降格が可能なのである。私見は，人事権による降格に加え，セクハラ事案の内容に応じた懲戒処分という組み合わせを検討するのが原則となると考える。人事権による降格であっても，被害者の心情としては降格はセクハラ加害者に対する懲罰のように感じられることが多いだろう。

　セクハラは，男女雇用機会均等法第11条によって事業所に防止義務が課される行為である。労働契約法第5条は，労働者の生命，身体等の安全を確保する義務を定めている。

　事業所としてつらいのが，社会人たる大人の従業員同士のやりとりの結果，ハラスメントの使用者責任を問われることである。少なくとも，被害者が我慢に我慢を重ねた結果爆発するようなことがないよう，事業所内に有効に機能する相談窓口を設置することが望まれる。

（「社会保険労務士の独り言」No.185，平成27年6月23日）

あっせん解決金に基準は不要

▶参照記事：『日本経済新聞』平成27年10月25日付
「労働紛争，解決金に基準　厚労省が導入検討　水準引き上げ後押し」

　厚労省が，個別労働紛争あっせん制度について，解決金の基準を示そうとしている。

　あっせんは，手軽，簡単，迅速で費用的にも負担がかからない個別労働紛争解決制度である。双方の意思が尊重され，原則として金銭解決のための和解額を模索する。和解が成立しなければ打ち切りとなる。都道府県労働局と，社会保険労務士会があっせん機関を運営している。個別労働紛争の場合，労働審判や裁判は事実上弁護士に依頼せざるを得ないが，あっせんなら本人が自分で気軽に利用できるメリットがある。そして，意を決して労働審判や労働裁判を利用しても，結果として金銭解決で和解が9割以上というのが労働事件の実態である。どうせ和解するのなら，あっせんで和解できるのが一番時間も費用もかからない。

　このような背景があるため，ほんの少しの請求だけでも，あっせんなら可能である。例えば，解雇は仕方ないがせめて10万円欲しい，のような申立である。あっせんで双方が5万円で，となれば5万円で解決である。これは裁判じゃ無理である。弁護士費用だけで吹っ飛んでしまうからである。

　ところが，厚労省は，あっせん，労働審判，労働裁判における金銭解決の統計を比較し，あっせん制度の背景を無視して解決金が「低額である」と言い出した。ちなみに厚労省作成資料によると，解決金の中央値は，あっせん15.6万円，労働審判110万円，裁判230万円で，いずれも解雇の事案ということである。これだけを見ると，確かにあっせんが低額ではある。そこで，基準値として例えば「100万円」とかの指針を示そうという話である。申立額は完全に無視されている。一言，何をバカなことを，と思う。

　あっせん制度は，あっせん委員を通じた協議の結果，双方が受け入れなけれ

ば打ち切られ，解決しない制度である。仮に指針が100万円となり，事業所側が50万円以上は絶対払わないと言い，労働者側が50万円で良いと言っているのに，あっせん委員が打ち切って良いのだろうか。特に労働者側が労働審判や労働裁判まで考えていない場合，未解決のままとなってしまう。

　さらに最も問題なのは，あっせんは裁判ではなく，事実認定をしない制度だということである。そして，申立は自由である。解雇自体が有効であれば，本来1円も支払う義務がないのに，指針の額での和解を打診されることになりかねない。事業所は，確実に解雇有効と考えていても，裁判とか起こされたら弁護士費用等かかるから10万円だけなら払っても良いと考えて和解する可能性だってあるのである。基準導入は，せっかくのあっせん制度の利点を大きく損ないかねないものであり，全く賛成できない。

報復されたら困る 労働法的事情があると……

▶参照記事：『産経新聞』平成29年10月27日付
「解雇の3人，残業代請求　札幌　冠婚葬祭大手を提訴」

　あまり詳しいことは知らないが，冠婚葬祭業大手の「ベルコ」は，直接労働者を雇用せず，ベルコの代理店に業務委託し，その代理店が労働者を雇用して運営しているようである。そのベルコ代理店の一つ，札幌の代理店が，業績悪化を理由として7月に3人の労働者を解雇した。その結果，この3人は，ベルコを相手として解雇無効の訴えを起こしたわけであるが，併せて未払い残業代等約1100万円の支払いを求めた。

　解雇された労働者とベルコとの間に労働契約があったかどうかという点が，最大の争点になるだろう。当然，ベルコは雇用関係がないと主張する。しかし，労働法は実態に即して判断するため，ベルコと原告労働者等との間に指揮命令関係があったかどうかが判断を左右する最大のポイントとなると思われる。

　さて，本件から確認しておきたい事項は，解雇された労働者が，解雇無効を

求めて訴えるときに併せて未払い残業代を求めている点である。

　昔はサービス残業が当たり前のような時代だったが，やがて社会的に許されない時代に入った。それでも，特にそれまで何ら労働紛争を経験しなかった中小企業の事業主の中には，今まで問題にならなかったにもかかわらず今後残業代を支払うことについて，強い拒否反応を示す例は少なくなかった。しかし，そのようなタイミングで誰かを辞めさせようとしたりすると，そのまま未払い残業代請求を受けたりしたものだった。まさに，労働者による，労働法を用いた報復であった。

　今では，残業代を全く払わない事業所の方が稀である。そのため，退職勧奨等を行った際に，報復的に未払い残業代請求を受ける例は減少している。しかし，報復がなくなったというわけではない。むしろ，報復手段は巧妙化し，より対応が困難になってきている実態がある。その報復手段とは，ズバリ「精神疾患」である。

　労働者が，退職勧奨など自分にとって不都合な事態に陥ったとき，又は近い日にそうなることが想定されるとき，心療内科等に通院し，抑うつ状態その他の症名が記載された診断書を入手するのである。そして，事業所に対し，自分勝手な主張をしながら診断書を提出する。事業所は，診断書が出されたら，どう対応して良いのかよくわからない……。もしかしたら事業所が何らかの責任をとらされるのではないかと不安になったりするのである。

　ここで確認しておくが，精神疾患等は，病気である。病気には個々の原因がある。その原因が，長時間過重労働や，ハラスメントであれば，事業所が責任を負うことになり得るが，そうでなければなり得ないのである。ということから，日頃から報復されると困るような実態がないことが望まれるわけである。

紛争

退　職

3月退職者とリスク予防

1. 3月自己都合退職

　3月は，最も退職者が多い月だと思われる。

　3月退職者の退職理由として，転職希望による自己都合退職，契約期間満了による雇止め，定年退職の3種類が比較的大きな割合を占めると思われる。

1-1　背景

　転職希望による自己都合退職の場合，退職時期として3月は良いタイミングだといえる。転職希望だから，新たな就職先が必要である。できれば，数ある事業所の中から選択できた方がよい。そう考えると，採用月として最も求人事業所が多いと思われる月を狙うのが効果的である。「4月採用が多いだろう」ということになる。

　4月に採用されることを目指す場合，遅くとも2月末までにはその時点の勤務先に退職届を出すことになる。少しズルイかもしれないが，できれば「次」が決まってから退職申入れたいと考える者も少なくない。となると，2月末までに内定を得たいということになる。2月末までに内定を得るためと考えると，転職のための就職活動は，一般に1月には開始することになる。

　人によって様々だが，早い者は秋頃には就職活動を始めるかもしれない。

　また，新卒新入社員等であれば，「既卒」枠が増えていることから，大学生のようにもっと早くから活動を開始する例もあるだろう。

　逆に，転職希望先が地場中小企業等であれば，2月に就職活動を始めて2月中に内定を得ることも可能である。

　事業所毎，また個人毎に異なるが，労働者が転職を希望することに至るまでには，何らかの理由がある。

　ある事業所において，在職者数のうち一定期間に退職した数の割合のことを，

離職率という。一般に，この離職率が高い場合は，事業所側の問題が大きく，離職率が低い場合は労働者個人の問題が大きいといわれる。あくまでも一般論であり，すべての事業所に当てはまるわけではないが，少なくとも参考にはなるだろう。

最近の多くの事業所が抱える問題として，求人に対してなかなか応募がないことが挙げられる。

求人するということは，人材を確保したいという状態にあるということである。それなのに，なかなか採用ができない。それだけでもキツイ状態なのに，さらに人材が流出することは，極めて大きな問題だといえる。

問題労働者が去って行く話なら，ありがたい話かもしれない。しかし，少なくとも普通に働いている人材の流出は，避けたいところである。

以上から，もし離職率が一定以上である場合は，事業所が自らの問題点について認識し，改善する努力をすることが必要不可欠といえる。

労働者個人の資質や能力の問題を挙げ，事業所には落ち度がないような話をする事業所も少なくない。多くの場合，その話は間違っていない。しかし，間違っていなくても，実際に多くの人材が流出し，次に良い人材が確保できないのであれば，その事業所の労働環境はさらに悪化することにつながりかねないのである。事業所を守るためにも，事業所自体の在り方を考えるきっかけとした方が，何かと意義がある。

一昔前と異なり，現在は多少能力が不足する労働者であっても，その労働者をいかに戦力化するかが重要な時代となったといえる。その背景に，労働法上の権利を主張することが当たり前となったことや，長時間労働が犯罪のようにいわれる時代となったことが挙げられる。特に40代以上の世代は，自分が若かった頃の経験や価値観だけに頼らないよう注意を要する。

1－2　退職決意まで

労働者は人間だから，様々な性格や考え方の者が存在する。既述のとおり，1月頃から，早い者は秋頃から転職活動を始めた者は，その後どのような行動をとるか……。

人によっては，傍から見て何ら変わらない。

人によっては，どことなく態度が違う。

人によっては，明らかにおかしい……。

ある労働者が，それまでと異なる態度をとっているように感じた場合，よく観察したいところである。もしかしたら，転職しようと考えているのかもしれないし，既に具体的に面接等を受けているのかもしれない。

タイミングや本人の性格によっては，引き留めることができるかもしれないとも考えられるのである。少なくとも，次の就職先が決まってしまえば，引き留めは極めて難しいといえる。できれば，その兆候を早い段階でキャッチし，何らかの手を打つことができれば，という話である。

この手の話は，机上の空論になりやすい。しかし，このような意識を持って労働者と接することは，事業主や管理者が，労働者という「人間」に関心を持って接することを意味する。人間は，放置されるのではなく，関心を持ってくれる人に好意を寄せる生き物である。単に事業所側の者が意識を変えただけで，最初から転職しようと考える者の割合を減らせる可能性も考えられるのである。即ち，無駄な努力ではなく，見えない効果を生じさせる努力だと考えられるのである。

1－3　退職申入れ後

既述のとおり，人間にはいろいろな性格がある。転職希望のため，ついに事業所に退職を申出た者は，その日から実際の退職日までに，実に様々なタイプの者が出てくるのである。

最後まで，責任感をもって働く者。

心ここにあらず，という感じで働く者。

いい加減な仕事をするようになる者。

年休残日数の取得その他労働法上の権利主張に走る者……。

事業所としては，最後まで責任感をもって働いて欲しいというケースもあるが，実際には，人によるが「他の労働者の邪魔をしないで欲しい」というケースもある。本人のそれまでの勤務態度等と，事業所の考え方によって変わってくる。

事業所にとって最も困るのが，退職申出後に労働法上の権利を主張しまくる者である。数年前までは，「サービス残業代の請求」が最も多かった。しかし，

ここ数年はサービス残業させている事業所自体がほとんどなくなってきたため，主流ではない。最近の主流は，記録された労働時間数と，実際に拘束された時間との乖離に対する未払い残業代請求となってきている。

この問題に対しては，事業所の日々の運用に問題がなければ請求を受けることもない。しかし，実際は休憩時間が確保できていないケース，日々の時間外を30分単位で切り捨てて計算しているケース，始業時刻前に早く出勤して働いている者に早出分を支給していないケース等がある場合は，問題となりかねない。

事業所側が認識を変えなければならないが，記録された時間と実態とが異なるのであれば，何らかの対策を打って乖離をなくすよう努めなければならないのである。

また，個々の事案になるが，最近はパワハラによる慰藉料請求等も少なくない。パワハラを受けて鬱病等を発症し，こんな事業所にいられないと考えて転職先を探し，内定を得てはじめて退職申出したとたん，積年の恨みを晴らそうとするパターンなどがある。

これらの「請求」は，退職申出後であれば在職中になされることもあるが，実際に退職した後になされることの方が多い。だから，4月に紛争が生じる例が増えるのである。

事業所としては，仮に恨みをもって退職する者がいても，労働法の観点から訴えられても痛くも痒くもない体制でありたい。やはり，日々において労働法を意識した予防措置をとることが，事業所を守るためにも極めて重要なのである。

---

2. 3月雇止め

契約期間満了による雇止めも，契約期間を3月までとする例が多く，年間に於いて3月雇止めが最も多いと思われる。

雇止めの場合も，転職希望による自己都合退職と同様又は類似の問題が含まれるが，紙幅の関係上ここでは省略する。

雇止めには，大きく分けて三つのパターンがある。

① 最初から期間満了をもって終了と決まっていた場合
② 更新可能性があったが，事業所が雇止めとする場合
③ 更新可能性があったが，本人が更新を希望しない場合

２－１　当初から契約終了が予定されていた場合

　①が問題となる可能性があるのは，期間満了をもって終了とする契約自体の効力についての争いである。

　新たに雇入れる際に，最初から期間限定で終了であるとして契約した場合は，ほぼ紛争にはならないといえる。しかし，契約期間満了後更新を重ね，その後ある更新時に「今回の更新で最後」として更新した場合は，モメる可能性が生じるのである。

　裁判例では，更新しない理由があり，虚偽なく労働者に説明し，書面更新手続をきちんととっていれば，雇止めはそれなりに認められているところである。しかし，労働者は人間であり，感情の問題から紛争が生じることも少なくない。仮に裁判で認められる場合であっても，紛争が生じれば事業所は時間や費用を使わざるを得なくなるのである。

　平成30年４月から，改正労働法施行によって最初の雇入れから通算５年を超える有期契約労働者の無期転換権の行使が認められるようになる。この関係から，その直前１年間にあたる平成29年４月以降を契約始期とする更新契約は，「期間満了をもって更新しない」とする契約が増加することが予想される。

　雇止め後に紛争とならないようにするためには，この不更新条項付き契約の締結時において，きちんと説明し，そして説明した内容等の記録を残し，きちんと書面を交わすことが重要である。また，可能なら，期間満了前に転職等のため支援ができるとさらに良い。

２－２　更新可能性があった場合

　②と③は，更新可能性があることは共通するが，更新しないことを決めた者が異なる。もちろん，③は紛争になりにくいが，自己都合退職と類似することから，既述の転職希望者と類似の注意が望まれる。

　問題は，②である。雇止めの紛争の多くが，本人が望まない雇止めなのであ

る。

　裁判例の中心的な判断事項は，本人が更新を期待することについての合理性である。逆に言うと，本人が更新を期待することに合理性がなければ，雇止めが認められやすいということでもある。

　更新可能性がある有期契約は，契約書に更新の判断基準について明示することが求められる。一般に，勤務成績，勤務態度，業務遂行能力，健康状態，事業所における当該業務の必要性等が挙げられる。

　即ち，更新しないことについて，これらの基準にどのように該当するか，客観的に説明できるかどうかが鍵になる。取引先との関係による当該業務の必要性がなくなった場合等は，比較的簡単に客観的説明が可能かと思われる。

　ところが，更新可能性があっても更新しないケースには，「能力不足」が挙げられることが少なくない。この能力不足が曲者で，客観的証明が実に困難なのである。

　能力不足であることを客観的に証明するため，一般的に行われているのが人事考課である。人事考課における評価項目等は事業所の裁量であるし，個々に定める評価内容も原則として事業所の裁量である。ただ裁量といっても恣意的な判定は問題があるから，評価結果に対して具体的な理由が説明できることが望まれる。

　日頃から問題がある労働者については，日付と問題言動等があれば記録し，放置するのではなくその都度注意指導等を行うことが必要である。このような記録が残ることで，評価に対する裏付けにもなってくるのである。

2－3　雇止めの工夫

　雇止めされた労働者が何らかの請求をしてくるタイミングは，一概には言えないが，概ね次のような種類がある。

①　雇止め通知時
②　期間満了後，概ね1カ月以内
③　期間満了後，3カ月～半年経過頃

　一般には①か②である。③は比較的少ないが，タイミングとして失業等給付

の受給期間が終わりかけ，又は終わった頃である。

①と②の大きな違いは，①は在職中，②は退職後，という点である。

同じ②の中には，在職中は何らかの請求まで考えなかったが実際退職して考え始めるケースもあるし，雇止め通知時に既に考えていながら退職日を経過する場合もあるだろう。

雇止め通知時において，単に更新しないと伝えるだけでなく，何らかの協議を経て合意を形成することで，その後の紛争を予防できる可能性がある。

例えば，雇止め通知時において更新できない理由を誠実に説明し，納得してもらって「雇止めもやむを得ない」と感じてもらえれば，紛争になりにくい。さらに，納得してもらったのであれば，その旨一筆残してもらえれば，後日万一紛争になっても強力な書証となる。

納得してもらえない場合でも，事業所の考え方一つであるが，退職特典のようなものを設け，これに合意してらうことも考えられる。例えば，解雇ではないが30日分の賃金を雇止め合意金として支給する方法等である。この方法も，きちんと合意を得て金銭授受があれば，まず紛争になることは考えにくい。

又は，それまでの契約期間よりも短い期間での更新契約を提示し，更新後の契約は期間満了で終了するという方法が考えられる。本人としては拒否すれば雇止め，応じても次回は更新がないという究極の選択を示されるというものである。学説や裁判例は，この方法に対して批判的な意見もある。しかし，裁判例において，単に雇止めしてしまうより不更新条件付きで更新した方が事業所に有利に判断されている傾向がある。

3. 3月定年

定年は，一般的に誕生日を基準とすることも多いが，会計年度にあわせる例も少なくない。

誕生日を基準とする場合は，①誕生日の前日（定年年齢に達した日），②誕生日，③定年年齢に達した日以後最初の賃金締切日又は月末，あたりが定年の日となる。この場合，3月定年となる確率は，約12分の1ということになる。

しかし，会計年度を定年の基準とする場合，圧倒的に3月が多くなる。その結果，定年退職となる月として，3月が多いということになる。

3-1 定年退職

10年前くらいまでなら，定年退職といえば一般に60歳の定年を意味するものであった。

しかし，平成18年，平成25年に改正高年齢者雇用安定法が施行され，65歳までの雇用義務が強化され続けた。その結果，現在において定年退職といえば，60歳定年と再雇用後の65歳定年のいずれをも指すような状況である。そして，実質的に65歳を意味することが多くなっている感がある。

満65歳の定年退職は，あらかじめ退職することが就業規則等で定められており，また労働者もそう理解している場合であれば，退職自体が問題となることはない。

しかし，次のような場合において労働問題が発生する余地がある。

① 満60歳定年後の再雇用を拒否した場合
② 満61歳〜満64歳で雇止めした場合
③ 過去に65歳で定年退職せず継続勤務している者が多い場合

3-2 再雇用拒否，満64歳以下の更新拒否

現行法上，定年を満60歳と定めることは合法であるが，その後満65歳までの継続雇用制度を設けることが条件となっている。即ち，満60歳の定年をもって再雇用を拒否した場合，法的な争いになれば正当な解雇理由でもない限り事業所に勝ち目はない。

満60歳定年再雇用後は，一般に1年更新で最長65歳までとする制度が多い。この場合，1年更新ではあるが，65歳前の雇止めは事実上困難である。

平成25年3月以前に再雇用基準について労使協定を締結した事業所であれば，次の期間経過後は基準に従って雇止めとすることが認められる例外はある。今から基準に関する協定は締結できないので，当時締結した事業所に限られる措置である。

平成28年4月〜平成31年3月　満62歳
平成31年4月〜平成34年3月　満63歳
平成34年4月〜平成37年3月　満64歳

以上から，どうしても60歳で辞めて欲しければ，又はその後64歳までの間に雇止めしたければ，あからじめ本人と協議して合意を得ることが原則となるだろう。

3－3　過去の実績

　中小企業において，「働けるうちは何歳になっても働いてもらいたい」等と善意で言ってしまうことがある。当然悪気もないし，言われた本人も悪い気はしない。しかし，これが労働法の罠となりかねないのである。

　就業規則上，満65歳を過ぎて雇用継続することはあり得ないところ，実態として実在しているケースは珍しくない。別にお互い良ければ良いのだろう。しかし，事業所にとって早く辞めてもらいたい者が満65歳到達し，そのまま継続勤務希望してきたらどう説明するのか。万一紛争になっても，事業所の主張は認められにくいであろう。

　65歳を超えて雇用する必要があるときは，それが全員に対する措置でない限り，例外措置であるとして就業規則に規定しておく必要がある。また，65歳を超えたらその先に定年が置かれていないことが一般的だから，最長雇用年齢等を定めておくことも必要である。

　事業所が良かれと考えて何かする場合，常に「その『良かれ』は，善悪含めて全労働者に保障できることなのか」と自問自答していただきたい。全労働者に保障できないのなら，何らかの対策が必要となるのである。

（「社会保険労務士の独り言」No.206，平成29年3月27日）

退職勧奨の裁判例と応用

1. 退職勧奨の基本

退職勧奨とは，「退職のおすすめ（勧め・奨め）」のことをいう。

おすすめされた労働者は，これに応じて退職する義務はない。退職するかどうかは，その労働者が自由に意思決定することができる。

退職勧奨は，事業所から一方的に労働契約を解約する「解雇」とは全く異なる。退職勧奨は解雇でないため，労働基準法20条の規定による30日以前の解雇予告又は30日分以上の予告手当の支払い義務もない。

「解雇でないこと」が退職勧奨の目的であり，メリットなのである。

しかし，リスクやデメリットが全くないわけではない。

退職勧奨を拒否されれば，退職させる目的は達成できない。

それでも無理に退職勧奨に合意させようとして，そのことが「退職勧奨を超える退職強要」と評価されれば違法性を問われ，損害賠償責任を負う。

また，厚生労働省の助成金等については，退職勧奨に合意して退職した者がいると，一定期間支給対象から除外される。

退職勧奨にあたり，特に注意したいのが，「退職強要」となってしまわないようにすることである。

主に，次のような言動等は，退職強要と評価されるので，特に挙げておく。

① 結婚，出産等を契機とする退職勧奨
② 長時間に及ぶ退職勧奨
③ 大人数で取り囲んで実施する退職勧奨
④ 拒否しているのに何度も繰り返し実施する退職勧奨
⑤ 権限のない者が実施する退職勧奨
⑥ 虚偽の説明を含む退職勧奨

⑦　誤解を与える説明を含む退職勧奨
⑧　脅迫等を含む退職勧奨
⑨　大声，机を叩く等威圧的な退職勧奨
⑩　その他パワハラにあたる言動を伴う退職勧奨

　退職勧奨は，原則として，「いつでも，誰に対しても」実施し得る。しかし，全く理由なく実施し得るかというと微妙である。何故なら，退職させるという目的自体の必要性の問題があるからである。

　とは言いつつも，本人には拒否する自由が認められている。仮に退職勧奨を受けても拒否すれば良いだけだから，いつでも，誰に対しても実施して構わないはずである。

　それでも，少なくとも結婚や出産等を契機とする退職勧奨は，実施しただけで違法とされることは間違いない。平成26年の最高裁判決を受けて男女雇用機会均等法が改正されるなど，「聖域」となってしまった。

　一般の労働者相手なら，いつでも，誰に対しても実施し得るという前提はあるが，退職勧奨をした結果，裁判所から違法とされる可能性がないわけではない。退職をおすすめされる本人にとっては面白いわけがなく，中には訴える者もいるだろう。そうなったとき，裁判所は個々の事案毎に判断を下すことになる。

　威圧的な言動やパワハラ的な言動がダメなのはわかりやすい。
　一方で，「虚偽の説明」，「誤解を与える説明」は難しい。

　本人を少しでも傷つけまいと，実は戦力外通告のような退職勧奨でありながら，説明では「経営が苦しくて赤字の見通しで……」とか言ってしまう。

　これが事実なら，経営上は問題があるが，退職勧奨としては問題ない。逆に，事実でないなら，経営上は良いのだが，退職勧奨としては「虚偽説明」にあたる。

　虚偽の説明に基づいて労働者が退職勧奨を受け入れた場合，後日無効とされ，さらに損害賠償までさせられかねない。

　あとよくあるのが，「退職勧奨に応じなければ，解雇することになる」のような説明である。

これは，なんと裁判所では「脅迫」と評価される。もちろん，本当に解雇事由があり，その内容が客観的に合理的理由があり，社会通念上相当と認められるときに限り，脅迫とはされない。

解雇が難しいから，退職勧奨を選択したはずである。それなのに，このような説明を行うと，解雇が有効か無効かという視点で退職勧奨が有効か無効か決められてしまうのである。

絶対に発してはならない台詞である。

退職勧奨は，人間が相手であるため，どのような反応をするかわからない。その上，その場でその反応に対応しなければならない。本当に難しいといえる。

退職勧奨は，個々の相手によって，それぞれ異なる内容となる。そのため，基本的な対応方法だけは，確実にしておく必要がある。

・事前に割増退職金等の上限を決めておく
・退職勧奨を実施する事業所側は，2名又は3名で対応
・1回30分以内を目安に
・会話は録音しておく（本人も録音している）
・185〜86頁の①〜⑩に注意
・合意が成立したら，書面（退職届，合意書等）を忘れずに

2. 退職勧奨に関する裁判例

2－1　X商事事件（東京地裁平成27年3月13日判決）

　原告は，平成23年10月頃に妊娠が判明したが，出産後も被告で働きたいと考えたことから，平成24年1月31日，被告代表者と面談して，産休・育休を取得したい旨を被告代表者に伝えた。

　これに対し，被告代表者は，子どもの養育が優先するのではないか，最初の1年から3年までは親元で子どもを育てた方がいいのではないか等，被告代表者が常識と考える話を原告にした。それでもなお原告が産休・育休を取りたいと伝えると，被告代表者は，「産休でも育休でも休職でも一度辞めるのも会社としては同じだから構わない。ただ，1年後2年後戻りたいときに席が

あるかはわからない。」,「戻ったときに同じ仕事をすることはできないかもしれない。他の仕事をやってもらうことになるかもしれない。」,「休んでいる間に会社を半分にするかもしれない。そしたら復帰できないかもしれない。会社自体なくなっているかもしれない。」などと述べたので,原告は,「戻ったときに同じ仕事をすることができないかもしれないことはわかりました。そのときにできることからやっていきます。」,「5月中旬から産休・育休をいただいて,子どもが1歳になったときに復帰したい。」旨を伝えたところ,被告代表者は,原告が産休・育休を取得することを了承しつつ「さっき言ったことを頭に入れておいてね。」と原告に伝えた。

　この後,被告は,産休中の原告に対し,退職金約3万円を同封した「退職扱い」とする通知を送った。原告は,社会保険労務士に相談を経て,労働局のアドバイスを受け,被告に退職扱いの取消を求めたところ,少し時間を経て産休・育休のままにすると回答を得た。

　しかし育休中,その後被告専務から「(被告代表者が)今戻ってこられる状況じゃないと伝えなさいと言っていた。」,「会社がこういう状況なので雇えない。」,「雇えない理由は,補充人員で席がなく,仕事がない。退職した方がいいと思います。」,「もう一度働きたいなら面接をする。それから雇うか決める。面接はそのとき仕事があればする。」等の話をされた。

　本件は,退職勧奨というよりも解雇に近い内容と言える。しかし,「退職扱い」を取り消して育休を認めているから,在職中であることが前提であり,在職中に退職に追い込むような発言が繰り返されたことになる。

　今注目されている産休育休を契機とする事案であり,事業所側に勝ち目のない事案である。判決では,育休終了後就労できなかった期間の賃金と,慰謝料の支払いが認められた。

2－2　F社事件（東京地裁平成27年1月29日判決）

　原告は,本件会社が賃借人となり,原告が社宅として使用すべき本件マンションについて,原告の家族ではない女性を居住させており,かかる事実を指

摘された原告は，これを認め，更に，このことが原告による本件会社の資金の
私的流用に当たる旨石原弁護士に指摘された上，更に他にも本件会社の経理
処理に不正（原告による本件会社の資産の流用）があるかもしれないので，被
告において調査を続行する旨説明された中で，石原弁護士の求めに応じ，被
告があらかじめ用意していた書式を使用し，被告を退職する旨の意思表示を
行った，というものである。

　原告は，退職の意思表示をしなければ解雇されていたはずであり，退職勧
奨の際には解雇事由が備わっている必要があるが，解雇事由が存在しないと
も主張する。しかし，そもそも，本件面談において被告は原告に対し，解雇の
可能性があることを全く述べていない。また，被告においてあらかじめ退職届
の用紙を用意していたこと等に照らしても，被告がこのとき原告を解雇するこ
とまで予定していたとまでは認めるに足りず，原告の上記主張は採用の限りで
ない。

　弁護士が代理人として退職勧奨を実施した事案である。

　社会保険労務士は，残念ながら弁護士法第72条により退職勧奨を代理人とし
て実施することはできない。社会保険労務士が関与するとすれば，退職勧奨を
実施する権限のある者とともに同席することまでであろう。

　ただ，一般的に，人間の感情として，退職勧奨を受ける際に，それまで全く
付き合い等がない者からそのような話をされることはどうであろうか。本件の
原告は，元代表取締役という特殊な立場の者であるという背景があった。

　原告の主張として，退職勧奨に合意したのは，①退職強要があったこと，②
退職勧奨に合意しなければ解雇されていたはずであるが解雇事由が存在しない
こと，等が挙げられている。

　しかし，裁判所はこれらの主張をすべて退けた。

　①については，退職勧奨及び退職合意の意思表示があった後においても，原
告が終始弁護士に対して協力的な態度をみせており，退職強要をした相手への
態度とは理解できないとしている。

　②については，そもそも弁護士が解雇の可能性があることを全く述べていな
いことを指摘して退けた。

　原告は，会社の金銭を私的流用しており，仮に解雇の可能性について述べて

退職

189

いても判決に影響はなかったものと推測する。

　しかし，それでも退職勧奨に際して，解雇の可能性について言及すべきでないことを再認識させられる事案と言える。

2－3　地位確認等請求事件（大阪地裁平成27年1月28日判決）

> 　（会社更生法の適用を受けて整理解雇を実施する前に，希望退職者募集をし，そのときに整理解雇対象者に対して退職勧奨を実施）
>
> 　原告は，平成22年10月7日及び同月13日，公津の杜で，それぞれ約40分程度，被告担当者であるＨマネージャー及びＩマネージャー（以下，併せて「被告担当者ら」という。）と面談を行った。被告担当者らは，原告に対し，原告が整理解雇の対象者となっていることを説明し，希望退職措置に応募するよう説得した。
>
> 　本件において，被告が行った退職勧奨は，電話あるいは面談によるものであるところ，面談の回数は2回，時間は約40分間，被告側の出席者の数も2名であったことからすれば，原告に対する退職勧奨が，その態様・方法において，社会通念上，相当性を欠くとまではいえず，ほかに，面談時における被告担当者らの発言が，相当性を欠くものであったことをうかがわせる事情を認めるに足りる証拠もない。
>
> 　また，原告は，日に何度も被告から電話がかかってきた旨主張するが，被告担当者が常軌を逸した時間あるいは回数にわたって電話をかけたことを裏付ける証拠はなく，仮に，電話あるいは面談の際に，原告が主張するとおり，被告担当者が原告の休暇の時期を間違えた発言をしたこと，不在着信が10件以上あったことを前提としても，その内容・程度に鑑みると，やはり同様である。

　整理解雇は，事業再構築を目指すため人員削減を目的とする解雇である。判例法理により，①人員削減の必要性，②労働者への説明，③解雇回避措置，④人選の合理性，等を総合的に判断し，解雇の有効無効が決定される。

　「解雇回避措置」として，一般に希望退職者募集が行われる。割増退職金等を条件に，自発的に退職する者を募集する行為である。希望退職者募集は，退職後転職しやすい優秀な者等が応募する確率が高いため，対象者の範囲を限定す

ることがしばしば行われる。

　希望退職者募集によっても，計画する削減人員数に満たないときは，退職勧
奨が実施されるのが一般的である。本件も，この流れである。

　原告は違法な退職勧奨を受けたとして慰藉料支払いを求めた。しかし，裁判
所は，これを退けている。判決文に，退職勧奨が違法でない理由として，「面談
の回数は 2 回，時間は約40分，会社側立会 2 名」であること等から，違法性は
ないと判断している。

　ちなみに，原告は希望退職者募集に応募せず，退職勧奨にも合意せず，最終
的に整理解雇されたが，本件訴訟において整理解雇が無効とされている。

2－4　地位確認等請求事件（東京地裁平成26年 7 月15日判決）

> 　（欠勤状態が続いていた原告が「執拗な退職勧奨を受けた」ため退職した，
> 及び「病気が改善されたら退職時の待遇で再雇用する」と説明を受けたと主
> 張）
> 　本件訴訟において，原告の同行証人として出廷したCは，「本件面談におい
> て，原告に対し，『復職があるから安心して会社を辞めなさい』と説明した」，
> 「復職の際は，参事から 1 つ下がって副参事であるとか，もう 1 つ下がって主
> 査であるとかあったかもしれないが，アルバイト的雇用というのはあり得ない
> と思っていた」と供述するものの，「本件面談において，Bも自分も，原告に
> 対して，退職時と同一の待遇で復職を認めると発言したことはない」と明確に
> 供述している。
> 　原告は，前記のとおり，本件面談においてBが本件約束をしたと詳細に主
> 張していながら，本人尋問では，「本件面談においてBから本件約束の話は出
> なかった，本件約束は本件電話連絡においてされた」と供述しており，原告
> の主張と供述は一貫していない。

退職

　退職勧奨に関する裁判例としては，何ら参考にならない事案である。しかし，
実務的には，このような裁判が提訴される可能性があることを考えておきたい
という意味で紹介することにした。

　勝手な推測だが，原告は自ら「治療に専念するため退職したい」と申し出て

退職したものの，その後治癒し，再雇用されたが賃金が大幅に引き下げられ，期間満了による契約終了となったため提訴に及んだものと思われる。

そして，①妻と同席して面談した際に執拗な退職勧奨を受けた，②退職後に病気が改善したら退職時の待遇で再雇用するとの約束があった，という話をつくった。

ちなみに，最初に退職したのが平成18年5月末で当時の給与が月額70万円，再雇用が平成19年4月で3カ月契約・給与約25万円，そして3カ月後の平成19年6月末で期間満了という事案である。そして提訴は平成25年である。期間満了から提訴までに約6年の空白がある。訴えられた事業所も相当驚いただろう。

裁判所は，原告の供述等の矛盾を指摘し，全く信用せず退けて終わっている。

ところで，一方的に勝てる裁判でも，訴えられれば応じなければならない。それも判決に至るまで1年くらいは普通にかかる。弁護士費用も負担しなければならない。このような迷惑な話もあり得るのである。

そして，双方記憶が曖昧であれば，そのとき裁判官がどのような判決を下すかわからない。いかに記録や書証が大切かという話である。

ちなみに，賃金の時効は2年だが，退職等の争いの場合は定めがないため通常の10年となる。長い。

2−5　損害賠償請求事件（東京地裁平成26年3月25日判決）

Bは，平成23年2月23日，原告に対し，「戻ってもやってもらう仕事はない。」「Y社に対して後ろ足で砂をかけている。」「どれだけ会社に迷惑をかけたか，わかっているの？」「あなたは権利を主張するだけです。地位の保全をするだけです。」「いまあなたがすべきことは，一番しなきゃいけないことは，深く反省して職を辞することです。」「こんなすごいことしてどう責任を負うんですか。」「普通だったら簡単に辞表を出すところだよ。」

「本当に申し訳ありませんでしたというふうに言って，本当は6月4日の時点で辞表ですよ。普通は。」などと言って，激しく原告に対し，退職を迫った。

原告に誓約書の作成を求めた以降は，被告の対応は，退職を求める対応に変化しており，産業医が，原告の在宅就労は可能であるとしたのに，被告は，原告の在宅就労を試みることなく，休職期間満了にて退職を告げている。

そして，退職勧奨の手段・方法は，社会通念上相当なものでなければならず，その態様が強制的であったり，執拗なものであったりする場合には不法行為を構成し，損害賠償責任を使用者に生じさせるところ，平成23年2月3日のBの発言は，社会通念上相当な程度を越えた退職勧奨に至っており，その背景には，被告が原告の退職をやむを得ないものとする方針があったものと推認される。

　本件は，退職勧奨の言動に対し，慰藉料の支払いを命じられた事案である。
　原告は，塾講師として就労していたが，何度も救急搬送されたり，生徒の前でも倒れてしまったことがあったため，主治医や産業医の見解を経て休職となった。
　その後「在宅就労は可能」と診断されたが，事業所は在宅就労を検討せず休職期間満了により退職させた。
　ちなみに本件被告事業所は，従業員数3300名の大手進学塾である。在宅勤務制度がないにもかかわらず検討しなかったことを指摘されているのは，この規模が理由だろう。
　原告は，突然激昂して周囲に当たり散らすことがあったようである。しかも，そのときの自らの言動を記憶していない。周囲は本当に迷惑しただろう。実際，原告の言動を嫌って退職した者もいるようである。
　Bは，休職期間満了が近づいてきた時期に，本件で指摘された発言をしている。おそらく，退職勧奨をしようとしたわけではなく，積年の怒り等をぶつけたものではないだろうか。しかし，発言の内容から，裁判所は退職勧奨と認定し，慰藉料支払いを命じているのである。
　発言内容から，パワハラとも共通するが，特に相手が問題労働者であるがためになされる発言が，結果として足元を掬われることにつながりやすいことを認識しておきたい。

（「社会保険労務士の独り言」No.193，平成28年2月28日）

労働者による契約破棄は保護される権利

▶参照記事：『日本経済新聞』平成28年10月28日付夕刊
「佐川社員自殺は「労災」　仙台地裁　労基署の決定取り消し」

　　佐川急便に勤務していた男性社員（当時22歳）が自殺した件で遺族が労災申請
したが，仙台労働基準監督署はこれを認めなかった。遺族が提訴したところ，
仙台地裁は労災であると認定した。

　　労災と認定された理由として，①上司から足元に向けてエアガンを撃たれた
りつばを吐きかけられたりしたこと，②退職を申し出たのに上司から病状に理
解のない指示を受けて引き続き仕事を強要されたこと，等が挙げられている。
①で鬱病が発症し，さらに②により強度の心理的負荷を受けたという流れで，
自殺との因果関係が認められたものである。

　　①の上司の行為は，甚だ不自然な行為である。おそらく面白半分の行為と思
われるが，こうやって文字にして読むと異常な行為としか読めない。直接エア
ガンで撃ったりつばを吐きかけたのではなく足元に対してであるが，これが
「業務上許容される指導を逸脱した暴行又は嫌がらせ」として鬱病発症の原因
と認定されているのである。頻度等の詳細は明らかでないが，たとえ面白半分
であっても控えなければならない行為ということである。ちなみに，信頼関係
があると信じる相手であっても，注意を要する。信頼関係があると思っている
のがこちらだけだったり，又は確かに信頼関係があったとしても，将来なく
なったときにパワハラの道具として利用されかねない。結論は変わらず，この
ような行為をしてはならないのであり，仮に事業所の誰かが「業務上許容され
る指導」を逸脱した行為をしているのであれば注意して改めさせなければなら
ないということである。

　　実は今回の判決で注目する事項は，②である。最近は「辞めさせてくれない」
ということが相談内容になるなど，ブラック企業の基準の一つにもなっている
ようである。背景には，人手不足の実態があり，求人しても応募がなく，その

ような中で退職者が生じると現場が混乱するという事情がある。退職希望者への強い慰留につながる環境があまりにも揃っているのである。

労働者の心理として、慰留されることで自らの存在価値を再確認できるケースもあるかもしれないが、これは少数派になってきたのではないだろうか。慰留されることがストレスとなり、イヤイヤ働くことによって体調に変化が生じ……近い将来、慰留した結果鬱病が発症したという事例が生じる可能性すら十分考えられるのである。

労働契約は、労使双方が対等の立場で契約するが、契約破棄に関しては完全に不平等契約である。事業所による契約破棄（＝解雇）は厳しく規制され、労働者による契約破棄（＝自己都合退職）は事実上自由なだけでなく、保護された権利となりつつあるようである。

目前に迫る有期雇用の無期転換制度

▶参照記事：『産経新聞』平成29年12月15日付
「文科省　雇止め　東大に対応要請　「継続」急遽ルール変更」

平成25年4月に施行された改正労働契約法により、有期雇用契約を反復更新した場合で、通算5年を超えたときは、労働者の申出だけで自動的に無期雇用契約に転換する規定が新設された。通算5年の計算にあたり、改正法施行前の期間は含まれない。平成25年4月以降の期間で通算されるため、平成30年4月から、法律を根拠とする無期転換の申出が可能となる者が出てくる。

新たな労働契約において、その労働条件として有期契約とするか無期契約とするかは当事者の合意によって定まる。事業所が有期契約とする場合の狙いは、もし人員削減の必要がある場合や雇用した労働者が当該事業所においてふさわしくない場合等において、契約期間満了をもって終了できることを期待するところである。しかし、あまりにも長期間にわたって有期雇用契約が反復更新されることは、労働者にとっては雇止めの不安がつきまとう。また、長期間必要

であれば，雇用の安定の観点からも無期契約が妥当だという理由もあり，5年を超えて反復更新された場合は労働者の希望だけで無期契約に転換できるよう法制化されたところである。

　事業所の立場で言えば，解雇規制があまりにも厳しすぎるため，有期契約の必要性が高まったのである。5年を超えて無期転換となるのであれば，反復更新しても通算5年を上限とし，5年を超えて更新しないことをもって雇止めは可能である。必要な人材については，3〜4年以内で無期契約労働者として登用すれば良い。このように考えざるを得ない法律なのである。

　東京大学が，有期雇用職員を最長5年で雇止めとするルールを設けていたところ，文科省から横槍が入った。「労働契約法の趣旨にそぐわない」として慎重な対応を要請し，東大はこれに応じて継続雇用することとしたようである。東大には有期契約の職員が5000人も在職するらしい。確かに影響も大きいところではある。しかし，「労働契約法の趣旨」とは何だろうか。条文だけで言えば，「有期契約を5年を超えて反復更新した場合は，定年までの長期雇用の保障」を求めるものである。しかし，反対に読めば「雇止めは，通算5年以内」と言っているようなものである。東大の場合は，5年雇止め後，6カ月のクーリング期間を空けて再雇用可能とすることまで定めていたようであるが，この点は確かに法の趣旨と合致しないといってよいだろう。

　有期雇用については，ますます難しくなる。無期転換は5年以内の雇止めで対応できるかもしれないが，同一労働同一賃金の流れについても注意を要する。厳しすぎる労働法規制が非正雇用を拡大させたが，今度は非正規雇用にメスが入る時代となってきた。

転籍合意を得るための事前協議の重要性

▶参照記事：『日本経済新聞』平成29年 3 月29日付
「新会社で解雇 「転籍は無効」 東京地裁判決」

　分社化にともなって新会社に転籍した54歳の男性が，転籍後に解雇された。解雇理由は，転籍後の会社が解散したためである。そこでこの男性は，解雇無効を争うのではなく，転籍無効の確認を求めて提訴した。東京地裁は，転籍前の協議が不十分であったことを指摘し，転籍を無効とした。即ち，分社化前に元々在籍していた会社との雇用契約が継続していることが認められたことになる。

　転籍とは，「籍を転じる」という言葉のとおり，所属する事業所を変更することをいう。原則として，それまで在籍した事業所を退職し，新たに別の事業所に就職することである。転籍は，人事異動の一種である。しかし，出向，配転，転勤，出張，昇格昇進等との大きな相違点がある。通常人事異動は，就業規則の規定等を根拠として事業所による業務命令で実施可能であるが，転籍は本人の合意を要するのである。転籍は，事業所が一方的に命じることができないのである。

　記事だけでは詳細は分からないが，実際に分社化後の子会社に転籍していることから，当該労働者も転籍することに「合意」したものと推測される。それも，転籍という重要な合意だから，口約束等ではなく，書面が交わされ，相互に記名押印したものと推測される。しかし，この合意は裁判所によって「協議が不十分」等の理由により無かったことにされ，転籍が無効とされたのである。50代の大人が書面で約束したにもかかわらず，裁判所がこれを「無かったこと」としたわけである。

　通常の契約や取引等においては，脅迫や詐欺があったことが立証された場合等でなければ，大人同士の合意が無効とされることは考えにくい。しかし，残念ながら労働契約に関する合意は，労働者にとって不利な中身であればあるほ

退職

197

ど，その合意が覆されることが珍しくないのである。労働契約は，合意原則を
前提としているが，その合意自体が労働者に不利な内容であれば，後日覆され
るリスクがあるのである。

　このリスクを予防しようと思えば，策は一つしかない。それは，裁判所が示
すとおり，「十分な協議」である。具体的には，正しく詳しい説明を，誠実に十
分にしておくことである。間違っても虚偽の説明等が混じれば，後日合意が無
効とされる可能性が格段に高まるだけなのである。記事の事案は，分社化後の
子会社がほどなく解散したものである。客観的に，赤字部門を別会社として切
り捨てたような状況が推定される。ほどなく解散する可能性があることまで説
明していなければ，合意は有効とされなかっただろう。逆に言えば，そこまで
説明すれば，本人も合意できないということになる。転籍ではなく，最初から
退職勧奨として協議した方が良かったかもしれないところである。

解　雇

厳しい解雇規制がもたらした悲劇

とにかく解雇は難しい。「難しい」には二つの意味がある。

一つは，裁判所で解雇が認められるための条件が厳しすぎることを意味する，難しい。

もう一つは，裁判所が解雇の有効無効を判断する水準が不透明で，事前に予測することが極めて困難であることを意味する，難しい。

別に難しくても，現行明文法上は，解雇すること自体は自由である。

しかし，自由に解雇したとしても，その解雇が，客観的に合理的な理由を欠き，社会通念上相当であると認められないときは無効となるというしくみである。

解雇が無効になったらどうなるのか。最初から解雇がなかったことになるから，解雇した労働者が職場に戻ってくることが原則である。

そして，解雇後，戻ってくるまでの期間については，事業所の違法な解雇のため労務提供ができなかったものとされ，この期間の賃金を全額支払わせられるのである。これは痛い。

そのため，事業所は解雇することに臆病になる。当然のことだろう。

しかし，すべての事業所が臆病になるだけではなく，「他の手段」を考えることになる。この「他の手段」は，解雇規制の弊害による産物である。

厳しすぎる解雇規制がもたらした歪んだ現実について，検討してみたい。

1. 解雇規制の背景

解雇規制がいかに苛酷なものであるか，語り出したら一冊の本になってしまいかねなので，具体的な解雇規制の内容については，割愛する。

それでも，原則的な考え方だけは，示しておきたい。

解雇とは，事業所が一方的に労働契約を解約することをいう。

反対に，労働者が一方的に労働契約を解約することは，辞職という。

　労働契約は，民事上の契約だから，その両当事者である事業所と労働者とは，対等な立場であるはずである。労働契約を解約するにあたり，労働者が一方的に行うことは事実上不問とされるにもかかわらず，事業所が一方的に行う場合だけが問題となるのが現状なのである。

　即ち，労働契約そのものが，対等な契約ではなく，事業所にとって不平等契約なのである。しかも，その解雇規制の実態が，事実上よほどの理由がない限り認められない現実を照らすと，不平等契約の一言で済ませられない水準である。まさに，事業所にのみ過大な義務を負わせ，労働者には権利のみを認めているといっても過言ではない。

　法律の考え方には，根底に「資本家は悪」という階級闘争史観がある。労働者は善であり，保護しなければならないのである。

　事業所の一部は「資本家」かもしれないが，特に小企業や零細企業の多くは資本家どころか経済的に厳しい状況にある。経済的に厳しい者が起業し，一人雇用した瞬間においても，労働法が適用される。

　そもそも労働契約は，労働力の提供と，それに対する賃金支払いの契約である。労働者が十分に義務を果たさないのであれば，契約解除理由のはずである。保護する前に，保護に値するかどうかという基準があるはずだが，この基準が「余程のことがない限り保護」とされていることが問題なのである。

　国家として，働かずにあぶれる者が増えると，ろくな事がない。

　税収につながらないことはもちろん，社会保険料も支払われない。それどころか，治安の悪化が懸念される。年金保険料も支払わなければ将来無年金となり，生活保護受給者となって公金出費の原因となる。失業率が高まると，何かと政府の無策を咎められる。

　国家として，このような問題児を増やさないためにも，ひとたび雇用されたら，その雇用した事業所が一生面倒見てくれれば万々歳である。解雇規制は，緩めるどころか厳格化の一途を歩むことになった背景が垣間見える。

　また，事業者数よりも，圧倒的に労働者数が多いのである。解雇規制緩和を政策に掲げたら，次の選挙で勝つことも困難となる……。

解雇

2. 挨拶と仕事

　法律には，抜け穴がある。

　というよりも，文字で書かれた法律が，何から何まですべて網羅できるわけがない。仮に網羅できたとしても，時代は刻々と動くのである。古い法律が「時代に合わなくなる」ことは，よくある現実なのである。

　そのため，法律という文字に書かれた基準について，実際に生じた事項をあてはめて解釈し，判断する必要が生じる。この仕事を担当しているのが，裁判官である。裁判官は，法律と良心に従って解釈するらしい。

　朝からきちんと挨拶もしない労働者がいるとする。

　「あいつはそういう奴だ」で片付けられる事業所も少なくない。特に大企業等では，何千人，何万人のうち一人のことだから，どうでも良いのかもしれない。

　しかし，挨拶をしない上，仕事もきちんとしなければ，どうなるだろうか。少なくとも，同じ部署の他の労働者には，多大な迷惑がかかることは間違いない。それでも，どうでも良いのだろうか。

　ここでいきなり解雇しても，裁判所は認めない。

　少なくとも，仕事をきちんとするように注意指導をしなければならない。それで改善すれば，解雇が認められることはない。

　仮に，仕事をきちんとしたとしても，能力が低く，本人なりにやっているのかもしれないが他の労働者の半分も仕事が進まないとする。この場合も，解雇が認められるためには，指導教育を果たし，それでも著しく能力不足であることを客観的に証明できるようにした上で解雇しない限り，そう簡単に認められることはない。この「客観的に証明」が極めて難しいところである。

　人員にゆとりのある大企業等の場合は，それでも外部研修を受講させる人的及び資金的余裕があるかもしれない。これが人数ギリギリでやっている小企業・零細企業となると，人的余裕がないだけでなく，外部研修を受講させる余裕も無いのである。仮にあったとしても，このような能力不足労働者のために浪費するのではなく，誠実に頑張っている労働者の賞与にまわしたいと考えるのが自然であるし，客観的にも妥当だといえるだろう。

実は，この考え方は，普通の感覚をもった人間が考えることだから，小企業・零細企業だけでなく，大企業等であっても同様となることが少なくない。

仮に，指導教育を繰り返した結果，なんとか他の労働者の7割くらいは仕事が進むようになったとする。この時点で，最早解雇しても認められる可能性はほとんどないだろう。事業所は，解雇したいと考えた相手に時間と費用をかけ，その結果解雇が認められない結論を導いたことになる。

ちなみに，指導教育を繰り返しても，挨拶だけはきちんとしないままだったとしたら，周囲の者はどう感じるだろうか。

挨拶は，日本人の基本である。おそらく，諸外国においても同様であろう。即ち，挨拶をしないということは，基本がないということなのである。

労働契約は，労働者の労務提供と事業所の賃金支払いという契約である。詳細は，個々の労働契約における労働条件が契約内容ということになる。契約内容となる就業規則に，きちんと挨拶について規定しているだろうか。

「明るく挨拶をすること」という規定があれば，挨拶をしない行為は，形式的には就業規則違反，即ち労働契約違反にあたることになる。しかし，例の如く，挨拶しない「程度」で，裁判官が解雇を認めるとは考えにくい。

挨拶をするように指導教育を繰り返し，それでもきちんとしない場合，どう考えたら良いだろうか。

挨拶は，基本である。気持ちよい挨拶は，職場環境を良い雰囲気にする。反対に，挨拶をしないことにより，職場環境を悪化させるケースが考えられるところである。しかも，改善しても他の労働者の7割しか仕事ができない者の態度である。小規模な事業所ほど，この労働者の雇用を継続することによる弊害は大きいといえるだろう。大企業であっても，一つの職場の人数が多いとは限らない。状況によっては，規模の大小を問わない問題だと考えられる。

しかし，解雇しても，仮に地位確認（解雇無効）を求めて提訴されれば，事業所が勝てる可能性はかなり低いと思われる。

ちょっと反対のケースを検討したい。

仕事はさほどできないが，挨拶は気持ちよい労働者がいるとする。自分が仕事ができないことを理解しており，そのことを申し訳なく思い，他のことで挽回しようという姿勢が垣間見られるタイプの者だとする。

解雇

おそらく，この者を解雇してしまおうという事業所はないだろう。その前に，周囲の労働者の中に，この者の存在を迷惑だと感じる者はいないか，又はいても少数だろう。

事業所は，大企業であれ小企業・零細企業であれ，「人」で成り立っている。そして人は，「感情」に支配された生き物なのである。

簡単に言うと，挨拶もきちんとできない者は，人から好かれないのである。人で成り立っている組織において，人から好かれないことは，致命的なのである。それでも，裁判所が解雇を認めないのだから，中には，異なる手段に出る事業所があってもおかしくないということになる。

3. 解雇規制がもたらした悲劇

3−1　精神疾患の増加にみる，その原因

最近は，鬱病等の精神疾患が激増している。

小職は医師ではないため，その原因がどうだとかいう資格はない。それでも無責任に言ってよければ，小職なりの考えはある。主な原因は，三つである。

精神疾患が増加した最大の原因は，精神疾患として診断される機会が増加したことである。一昔前は，「心療内科」等と名乗るクリニックがどれほどあったであろう。

厚生労働省の「医師・歯科医師・薬剤師調査（平成25年12月17日）」は，平成6年の診療科毎の医師数を1.00として，18年後にあたる平成24年と比較している。1.00を下回っているのが，外科0.82，小児科0.89，産婦人科0.91，内科0.96である。1.00を上回っているのが，皮膚科1.08，泌尿器科1.08，整形外科1.15，眼科1.23である。しかし，医師の総数の増加は，1.31であり，医師の総数に占める割合としては，ここまですべてが下回っているのである。お気づきのとおり，まだ精神科が出ていない。なんと精神科は，唯一1.31を超え，それも大幅に超える1.52なのである。

精神疾患が増加したから，精神科医が増加したという考え方があるようである。全面否定するつもりはないが，精神科医が増加したことにより，従来精神疾患と診断されなかった人も精神疾患と診断されることにつながったケースもあるだろう。これが大きな原因の一つ目である。

笑い話を紹介する。ある事業所で，日頃から勤務態度に支障のあった労働者が鬱病の診断書を提出してきた。その事業所は，面白いことに，他の健康な若手社員にその診断書を書いたクリニックを受診するよう指示。するとどうだろう。その健康な若者も鬱病の診断書を持って帰ってきたのである。それから弊所に連絡があり，このことを理由に鬱病を認めないことはできるかという相談だった。ちょっと話が逸れるが，鬱病であることを認めるかどうかは，医師が診断する事項であり，小職は診断できない。さらに，他の健康な者が鬱病と診断されたことによって，元の支障のある労働者が鬱病でないことの証明になるわけがない。ただ，人間の感情や感覚として，また心証として，このクリニックの診断書に対して信用することはできないことは理解できるという話に過ぎない。

　話が逸れまくっているが，精神疾患が増加した理由は，精神科医の増加だけではない。核家族化と少子化の進行，ゆとり教育，厳しい親の減少等により，甘えて育つ環境にあった者が増加したことも大きな原因の一つとみている。一言で言えば，忍耐力のない「我慢ができない大人」が増えたのである。これが大きな原因の二つ目である。

　最後に，大きな原因の三つ目は，高度成長を経てバブル時代となり，これが崩壊したことによる閉塞感である。子供たちが見る大人たちは，以前のようにきらきらと輝いていないのである。「将来は，今よりも良くなる」という漠然とした思いを持っていたのは，おそらく40代後半くらい以上の世代ではないだろうか。

　何事もそうだと思うが，夢や希望がなければ，今の時点で一所懸命に打ち込むことができないだろう。この影響は計り知れないと考える。

　また，バブル崩壊後，リストラ等の嵐が吹き荒れることになったわけだが，この頃から労働法の権利を主張する者も増加し始めたとみている。権利を主張するということは，権利を主張される側があるということであり，それが事業所というわけである。端的に言うと，解雇したくても簡単にはできないため，代替措置をとるしかなくなったのである。

3－2　解雇回避措置という美名

　人員削減。簡単に言うと，目標数を設定し，その数の労働者を退職させるこ

とである。

　解雇してしまうのが一番手っ取り早いが，解雇規制がこれを認めない。仮に倒産する等の状況の場合は解雇せざるを得ないのだが，整理解雇の4要件といわれる要件を満たすことが求められる。この4要件の一つに，「解雇回避措置」がある。事業所がどのような状況になっていても，解雇の選択は最終手段であり，その最終手段の前に，いかに解雇を回避するための措置をとったかを重視するというのである。

　目標数の人員を減らさなければならないのに，解雇を回避するとは大いなる矛盾に感じられてならない。具体的な解雇回避措置とは，早期退職者の募集や，退職勧奨等とされている。

　早期退職者募集は，一般に，割増退職金等の特典を用意し，希望者が応募する形式をとる。特典の内容がよければ，応募者も多く集まるかもしれないが，事業所の負担は大きい。絶妙な設定が必要となる。そして何よりも，優秀な人材の外部流出は避けたいところである。残念なことに，優秀な人材ほど転職もしやすく，早期退職者募集に応募しやすいという実態がある。そのため，あらかじめ対象者を限定する方法がとられることも一般化してしまっている。

　退職勧奨は，文字どおり，退職のお勧め・お奨めである。法律上は勧奨だけなら比較的自由に行えるとされているため，事業所はある種の狙い撃ちも可能となる。狙い撃たれるのは，簡単に転職できない人たちだったりする。

　マスコミ等は，これらを悲劇のヒーローとして，また事業所をブラック企業であるかのように扱いがちだが，この構図は大間違いである。事業所は，退職勧奨にあたって人選して行っているのである。退職勧奨を受けるということは，それがその労働者への評価なのである。大企業等においては，派閥争い等の要素もあるかもしれない。しかし，小企業等においては，経営者に逆らう等態度の悪い者，仕事ができない者，等の理由があることが通常である。逆に言えば，誠実に働いている者であれば，仕事の能力は中程度でも退職勧奨されることは考えにくいといえる。

　後になったが，事業所で労働者として働く者は，労働契約の義務として，「使用者に使用されて労務提供する義務」がある。経営方針についていけない等の態度を示す労働者は，退職勧奨の対象とされて当然だと言わざるを得ないのである。

ところで，この退職勧奨が，つらすぎる。

　今まで勤務してきた事業所から，辞めて欲しいとお勧めされるのである。辞めるかどうかの決定権は，労働者にある。しかし，人間として，辞めて欲しいと言われて，どう感じるだろうか。

　実際に退職勧奨された者のうち，一定割合存在するのが，「解雇してくれ」という反応である。事業所にとっては，解雇回避措置として退職勧奨しているのであって，解雇しろと言われて受け入れられるわけがない。しかし，労働者がこのような反応を見せることに対し，一定の理解ができないわけではない。

　退職して欲しいと言われ，はい，わかりましたで終わるのが退職勧奨である。いっそのこと一方的に解雇だと言われた方がすっきりすると感じる者は少なくないだろう。それどころか，退職勧奨を受け，その場で回答できなければ，後日検討した結果を報告させられるのである。報告するまで，どんな顔をして出勤すればよいのだろうか。

　私見は，解雇よりもむしろ，退職勧奨の方が労働者にとって苛酷である場合があると考える。行きすぎた解雇規制が生んだ悲劇といえよう。

　数年前，「追い出し部屋」がマスコミを賑わせたことがあった。仕事を与えられず，何もない部屋で一日過ごす。これに耐えられないなら，退職するしかない。強烈な退職勧奨ともいえる。

　退職勧奨を拒否して退職しなかった者に対する仕打ちだったと思うが，これも解雇規制が生んだ悲劇である。解雇できれば，このような仕打ちをする必要がないし，思いつきもしないだろう。本人も，解雇されれば次の人生のスタートを切れる。解雇を回避した結果，誰も幸せにならない運用がなされているのである。

3－3　パワハラの発生原因

　パワハラも新しい言葉である。パワハラには被害者と加害者がいるのであるが，私見は，どちらが真の被害者でどちらが真の加害者かわからないと考えている。

　仕事ができない者，態度が悪い者等に対し，解雇規制のため解雇できず，事業所は注意指導を繰り返すなどとてつもない忍耐力と経済力を求められている。そして，何度同じ事を注意指導しても，改善しない。事業所の対応といえど，

実施者は人間である。指導し，自ら今度からきちんとすると言ったにもかかわらず，結果は改善しない。直接指導している「人」から見ると，指導している相手は嘘つきか，又は自分をバカにしてるのではないかとすら思えてくるのである。最初は優しく注意指導できても，繰り返すうちに冷たくなることは，人間として仕方ないのではないだろうか。

実は，このような背景から，多くのパワハラ事件が発生している。パワハラ事件には，多くの共通点がある。パワハラ被害を主張している者の多くは，勤務態度等に問題のある労働者なのである。

もちろん100％そうだとは断言しない。中には，勤務態度等に問題はなく，上司にあたる労働者に問題があった事案もある。しかし，自分が勤務している事業所を訴えるとなると，基本的に退職覚悟又は退職後に行うものである。誠実に働いていて，上司に問題があるケースの場合は，むしろ小企業や零細企業の場合は経営トップによって抑えられることが多く，紛争になるのは比較的人員数のある事業所かトップに問題があるケースといえる。

解雇規制により解雇できないため，仕方なく雇用が維持され，その中で生じる対立がパワハラ問題に発展するのである。

慰藉料請求の根拠として，鬱病等の精神疾患の診断書を提出されることが多い。そのため，事業所は，精神疾患等の診断書が提出された場合，「腫れ物を触るような」対応になりがちである。ある程度仕方ないが，必要な注意指導を怠ると，禍いはさらに大きな禍いになりかねない現実がある。

人事担当者や経営者等，精神疾患に罹患した労働者と直接対応する担当者からよく聞く台詞がある。「こっちが鬱病になりそうだ」というものである。残念ながら，理解できる……。

本来，労働契約は労務提供が必要であり，その労務提供が不完全にしかできないのであれば，それは労働契約の継続に支障があることを意味する。精神疾患であっても，それが私傷病である限り，本来は解雇理由となるはずである。しかし，解雇規制を維持するため，最近の例を挙げればストレスチェック制度まで導入された。事業所は，精神疾患労働者の雇用は「継続」を前提に対応しなければならないようなことを意味すると言ってよい。足枷がまた一つ増えた感があるが，これがわが国の悲しい姿である。

4. 最後に

解雇規制が，退職勧奨という手法につながった。これは行きすぎない限り合法とされる。さらに，追い出し部屋等その他陰湿なイジメにもつながった。これは原則として違法とされる。これらの環境は，合法違法を問わず，通常の人間にとって精神的に良いわけがない。このことが，精神疾患増加の原因の一つとなった。そして，精神疾患の増加が，事業所に困難な対応を要請することとなった。在職者の場合は周囲が疲弊し，退職者の場合は慰藉料請求となりかねない。いずれにしても，また新たな労働問題のきっかけとなってしまっているのである。

悪循環と言わず，何と言えばよいのだろう。わが国の労働法制は，まさに負のスパイラルから抜け出せないでいる。さらに，出口は全く見えず，悪化を傍観するしかない悲しい社会となっている。そのすべての元凶として，最初に解雇規制が挙げられることを指摘しておきたい。

（「社会保険労務士の独り言」No.191，平成27年12月21日）

解雇と無罪推定

▶参照記事：『日本経済新聞』平成27年10月22日付
　「宮崎大へ支払い命令　解雇の元准教授に300万円　高裁支部」

セクハラを理由に解雇された元准教授が，退職金約900万円を求めた訴訟で，一審は元准教授の請求を棄却した。しかし，控訴審は，地裁判決を変更し，大学側に約300万円の支払いを命じた。

解雇理由となったセクハラの内容は，女子学生の半裸写真を野外で撮影し，卒業論文に掲載させていた等である。大学側は，解雇に伴って退職金を不支給とした。元准教授は，「服を着たり布を巻いたりして撮影していた」と主張して

いた。これについて，裁判所は，半裸の女子学生を撮影した証拠はないと認定。セクハラ行為はあったが，解雇相当とまではいえないとし，退職金の一部支払いを命じたのである。

詳しい内容はわからないが，仮に「服を着たり布を巻いたり」していたとしても，その写真を卒業論文に掲載させる必要があるとは思えない。セクハラ行為があり，卒業論文という重要な課題について准教授がふざけた行為をしているにもかかわらず，解雇相当とまでいえないと考える裁判官の頭の中が全く理解できない。

解雇相当でないということは，今後もこのような者でも国立大学の准教授の立場で女子学生と接触して良いと言っているようなものである。結果として復職を求めていないものの，これから解雇無効として地位確認を求めて提訴することだって可能である。裁判所は，もしセクハラ事件が再発しても，絶対に責任をとらない立場である。

また，復職を求めなくとも，この者は別の職業で収入を得て生活しなければならないだろう。セクハラ加害者と知らずに雇用してしまう事業所が哀れである。そして，この者は，「証拠がない」と認定されればそう簡単に解雇されないことを身をもって体験しているのである。反省して二度と過ちを犯さない者もいるだろうが，そのようなまともな者なら，最初から退職金を求めて訴えたりしないのである。

裁判所は，弱者保護のつもりかもしれないが，悪い奴を保護して何か良いことがあるのだろうか。一般に多少のことでは裁判まで行わないのが日本人である。労働法は，結果として「ごね得」という日本人が嫌う不公正な結果を生み出しているといえる。

一般の刑法も似た面がある。犯罪を繰り返しても，刑期を終えれば釈放される。当たり前かもしれないが，また犯罪を犯せば，一般市民の誰かが被害者となるのである。裁判所は，絶対に責任を負わない。それどころか，証拠がなければ，限りなく黒くても無罪判決である。刑事判決は，ある程度仕方ないかもしれないが，労働事件は民事上の労働契約であり，罪刑法定主義的，無罪推定的な発想で判決を下してはならないのである。

今こそ明確な解雇基準の確立を！

　政府の産業競争力会議（議長・安倍晋三首相）の議論の一つに「解雇規制緩和」が挙げられ，注目されています。主に金銭補償によって解雇を認める方向性などが検討されているようですが，まだまだ結論は見えていません。「解雇規制緩和」という言葉だけが先走りして，最終的に骨抜きになってしまうことがないよう，しっかりした議論を期待しています。

　事業所による解雇がなかなか認められないことは，わが国の労働法制の特徴です。一度雇用すると，多少どころか，かなり問題がある労働者も簡単には解雇できません。これが事業所の競争力や成長力の足枷となり，結果的にわが国の健全な発展を妨げていると指摘されています。解雇規制緩和は，わが国の現在及び将来にとって必要不可欠な議論だと言えるでしょう。

　現行法制では，解雇がなかなか認められないことはよく知られていますが，それだけではありません。解雇が認められるかどうか，その基準が極めて不明確なのです。

　意外かもしれませんが，法律の条文上は，解雇は原則自由です。事業所は，解雇権を認められており，解雇権を濫用した場合に限り，「解雇無効」とされるのです。これを解雇権濫用法理といいますが，実は，どこまでが権利行使で，どこからが権利濫用なのか，その基準が極めて曖昧なのです。このため「解雇が有効なのか，無効なのか，裁判してみなければ分からない」という状況に陥ってしまったと言えます。

　解雇権濫用法理を確立した最初の最高裁判決は「解雇無効」の結論となった事件です。ところが，原審（高裁）の判決は「解雇有効」。法解釈の専門家である裁判官の間でさえ判断が分かれていることの証左だといえます。

　これでは一般事業所が解雇の有効・無効を予測できるはずもありません。それでも事業主は解雇に踏み切るかどうか決断しなければなりません。悩んだあげく解雇を決断しても，裁判官は「労働者保護」の錦の御旗にひざまずく傾向が強く，「解雇無効」との判断が下されることが少なからずあります。解雇無効

とされれば，事業所は解雇日から解雇無効の確定日まで，働いてもいない期間の賃金補償をさせられるだけでなく，解雇したはずの「問題アリ」の労働者が職場に戻ってくるわけです。まさしく踏んだり蹴ったり……。資金力が乏しい中小・零細の事業主には，あまりにも苛酷です。

このような事情は事業主の間では広く知られているだけに，事業主にとって解雇の決断には大きな苦痛を伴います。悲壮感を漂わせて私の事務所に相談に訪れる人も少なくありません。

事業主をこのような立場に追い込む労働法制を強いる国家で，より良い製品，より良いサービスを追求しながら国際社会の荒波にも耐えることができる優良な企業・事業所が生まれていくでしょうか。アベノミクスによるデフレ脱却，日本再生にとっても労働法制は大きな障壁だと言わざるを得ません。

言うまでもなく解雇規制緩和は，解雇のハードルを引き下げることが主眼であるはずです。一部メディアから「労働者いじめ」などと批判されても決してひるんではなりません。

同時に，解雇の有効・無効について，分かりやすい基準を定めることが必要不可欠です。そうでなければ，解雇のハードルが下がっても事業主は解雇をなかなか決断できず，結局は現状を変えることができないからです。

解雇の基準が明確になれば，事業主の負担は軽減し，その分を本業に集中することができます。これだけでも確実にわが国の発展に良い効果をもたらすでしょう。実効性のある解雇規制緩和の早期実現に心から期待しています。

（『産経新聞』雇用のプロ安藤政明の一筆両断，平成25年4月24日付）

副業，兼業と解雇

非正規雇用者が増加している。中には，正規雇用者が，本業とは別に非正規雇用者として働くケースもある。いわゆる，副業である。

一般に，副業を禁止している事業所が多いが，近年は，残業時間や賃金の減少に伴って，副業を認める事業所もあるようである。

副業を認めていない事業所において，副業をしていることが発覚したら，どうなるだろうか。通常は，就業規則に解雇事由と定められており，解雇するかどうかという話になるだろう。

　しかし，副業した者を解雇すると規定があっても，必ずしもその解雇が認められるとは限らない。副業と解雇に関して，検討したい。

1. 副業，兼業の背景

　「副業，兼業」とは，あくまでも「本業」に対する言葉である。本業がない者が，唯一の仕事として，例えば何らかのアルバイト等に従事したとしても，その業務は副業でないし，兼業でもない。

　即ち，「副業，兼業」とは，本業を有する者が，本業ではない他の業務に従事して収入を得ることをいう。

　近年は，掛け持ちでアルバイトやパート労働に従事する例が多いが，正規雇用者が本業に従事しつつ，別個のアルバイト，パート等に従事する例も増加しているようである。また，インターネットの普及により，手軽な小遣い稼ぎとして，副業を行う例も増加しているようである。

　副業，兼業を論じる前に，憲法22条が職業選択の自由を保障していることに着目する必要がある。

　労働契約は，その就業時間において労働者に対して誠実な労務提供義務を負わせる。即ち，就業時間中に副業を行うような行為が許されることはない。しかし，就業時間外においては，労働者の自由時間であり，原則として本人が何をしようと事業所は干渉できないはずである。即ち，いわゆる「正社員」が，就業時間外に副業，兼業をすることは，原則として許されるということになる。

　しかし，無制限に許されて良いだろうか。

　例えば，所定労働時間が始業 9 時，終業18時で，時間外労働もあると説明を受けて採用された者がいるとしよう。この労働者が，18時30分を始業時刻とする副業をするとしたら，本業において時間外労働ができないことになる。即ち，本業に支障があり，労働契約の完全な義務履行ができない状態といわざるを得ない。

　また例えば，同じく所定労働時間が始業 9 時，終業18時の労働者が，終業後

に20時始業，翌5時終業の8時間労働の副業（というよりも二重就職）をすると
したら，どうだろうか。本業の8時間労働の他に，さらに8時間労働するわけ
だから，本業における労務提供は，疲労により最高の状態で業務提供できない
ことは明確である。

以上のようなケースにおいて，就業時間外であることを理由として，労働者
の主張を認めて良いわけがない。労働者が，誠実な労務提供義務を負っている
にもかかわらず，その義務を果たせないからである。

このあたりに，事業所が副業や兼業を禁止する根拠があるのである。

2. 就業規則との関係

既述のとおり，原則として，就業時間外は労働者の自由な時間であり，原則
として副業，兼業は許される。しかし，副業，兼業等が，本業に支障を与える
ものであるときは，労働者はその義務を果たせないこととなり，許されない。

以上の原則から，事業所は，雇用する労働者について，一定の副業，兼業等
を禁止することが認められることになる。具体的には，就業規則にその旨を定
めることになる。

一般に，就業規則には，次のような条項を規定する例が多い。

> 会社の許可なく，他に雇用され，又は役員に就任し，若しくは自ら事業
> を営んではならない。

以上の定めは，副業，兼業の程度について，何ら具体的に触れられていない。
即ち，一見全面的に禁じているようにしか読めない。

さらに，一般に，就業規則の副業等禁止規定に違反したときは，懲戒解雇処
分とする旨規定されている。

果たして，この規定は有効だろうか。裁判例を確認したい。

小川建設事件（東京地裁昭和57年11月19日決定）
「私企業の労働者は一般的には兼業は禁止されておらず，その制限禁止は
就業規則等の具体的定めによることになるが，（中略）就業時間外は本来労

働者の自由な時間であることからして，就業規則で兼業を全面的に禁止することは，特別な場合を除き，合理性を欠く。」

「労働者がその自由なる時間を精神的肉体的疲労回復のため適度な休養に用いることは次の労働日における誠実な労務提供のための基礎的条件をなす（中略），また，兼業の内容によっては企業の経営秩序を害し，または企業の対外的信用，体面が傷つけられる場合もありうるので，従業員の兼業の許否について，労務提供上の支障や企業秩序への影響等を考慮したうえでの会社の承諾にかからしめる旨の規定を就業規則に定めることは不当とはいいがたく……」

裁判例によると，就業規則と副業，兼業禁止の関係は，次のとおりである。

・副業，兼業を全面的に禁止することは，合理性を欠く
・誠実な労務提供に支障がある副業，兼業を禁止することは，合理的
・企業経営秩序に支障がある副業，兼業を禁止することは，合理的
・副業，兼業について事前承諾制とすることは，合理的

以上から，全面的に兼業，副業等を禁止する規定があっても，全面的に禁止できるわけではない。

即ち，全面的に禁止する規定であっても，実際に禁止できるのは，①誠実な労務提供に支障がある副業，兼業，②企業経営秩序に支障がある副業，兼業，ということである。

誠実な労務提供に支障がある場合とは，例えば長時間の副業，兼業のため疲労の関係で本業において十分な能力発揮ができない可能性がある場合や，始業時刻又は終業時刻と近い時間等の副業，兼業であって，本業の早出又は終業時刻後等の時間外労働ができない場合等をいう。

企業経営秩序に支障がある場合とは，例えば同業他社等であって企業秘密漏洩の観点から問題がある場合や，取引先等であって取引に悪影響を及ぼす可能性がある場合等をいう。

これらの副業，兼業を禁止することは，合理性があると判断される。

副業，兼業であっても，認められる場合と認められない場合があることは，

労働者にとってはあらかじめ認められるかどうか予測がつかない状態だといえる。

従って，あらかじめ事業所の承諾を得ることとすることには，合理性がある。もちろん，事前承諾の求めに対し，事業所は，適正な判断をするために慎重な確認が要請されるところであり，恣意的に判断してはならないことは，いうまでもない。

3. 裁判例

副業，兼業が認められる範囲について，具体的に裁判例を確認するのがわかりやすい。解雇が認められなかった例，認められた例について，それぞれ何件かずつ紹介したい。

3-1　解雇無効とされた裁判例

> **定森紙業事件**（大阪地裁平成元年6月28日決定）
> 　「Xが『三幸紙業』の営業に関与したことは，形式的には解雇事由に該当するようであるが，Y社に黙認されてきたことであり，かつそのことによってY社に損害を及ぼしたことは認められないものであり……」
> 　「解雇を有効とするためには単に形式的に解雇事由に該当する事実があるというだけでは足りず，解雇を相当とするやむをえない事情があることが必要である……」

本件は，労働者が兼業しているらしいことに気づいていながら，約2年8カ月間経過した事件である。裁判所は，①黙認されていたこと，②会社に損害を及ぼしたと認められないこと，を理由に解雇を無効とした。

同業他社での兼業であり，気づいた時点で対応していれば，解雇が認められる可能性はあったと考えられる。会社に損害が及んでない場合であっても，その可能性は否定できないところであり，気づきながら放置したことが会社の落ち度である。

上智学院事件（東京地裁平成20年12月5日判決）

「語学学校の講師や土曜教室は大学の授業に影響のない夜間ないし土曜日であり，（中略）大学の授業を休むこととなった通訳は，公的な国際会議での同時通訳であり，またそのために代講を依頼し，自ら授業をしなかったことについては，学部長などがその事実を把握していたにもかかわらず，それを問題としたことはなく，処分歴のないＡをいきなり懲戒処分として最も重い解雇という手段を選択したのは処分としては重すぎるというべきであり……」

　本件は，実際に業務に支障があった事案である。しかし，既出の定森紙業事件と同様に，学校側が事実を把握していながら，それを問題とすることなく一定期間経過したことが，解雇無効とされた最大の理由であろう。

国際タクシー事件（福岡地裁昭和59年1月20日判決）

「（後半時期について）この時期のＸの新聞販売業への従事にはＹ社への許可がなく，しかも企業秩序に影響を及ぼし，労務の提供に支障を来たす程度に達していると認められるから，兼職禁止規定に該当するものというべきである。」

「（1）Ｙ社の正規の労働時間は午前7時30分から翌日午前1時30分までであるところ，右正規の時間にくい込んでいないこと，（2）新聞配達の手伝のため欠勤をＡに申し出て許可されており（以下略），（3）略，（4）Ｙ社には，本件懲戒解雇のころにおいて，乗務員中13ないし14名の者がＹ社のタクシー乗務以外の仕事により収入を得ており（以下略），（5）本件懲戒解雇の通知がなされた昭和56年4月中旬当時は，すでにＸは新聞販売業務をやめていたこと，（6）略，」

「以上の事実に，Ｘが新聞配達業務に従事することにより，Ｙ社の営業，業務管理等に具体的な悪影響を与えた旨の疎明のないことをあわせ考えるとＸのこの時期の新聞販売業への従事が，兼職禁止規定に該当するとしても，これを理由に懲戒解雇まですることは，Ｘの蒙る不利益が著しく大きく，解雇権の濫用として許されないところというべきである。」

　本件が解雇無効とされた主たる理由は，①新聞配達のための欠勤の申し出が

解雇

許可されていること，②他の労働者も兼業又は副業等をしていること，③既に兼業等をやめた後に懲戒解雇の通知をしたこと，である。

　解雇が認められなかった裁判例を三つ挙げたが，いずれもそれなりに労務提供又は企業秩序の観点から支障があるところである。しかし，その事実を把握しても一定期間放置したり，他の者も副業，兼業等をしており不問とされている場合等は，解雇は認められないことが理解できる。

3－2　解雇有効とされた裁判例

小川建設事件（東京地裁昭和57年11月19日決定）
　「Ｘの兼業の内容は，債務者の就業時間とは重複していないものの，軽労働とはいえ毎日の勤務時間は6時間に亙りかつ深夜に及ぶものであって，単なる余暇利用のアルバイトの域を超えるものであり，したがって当該兼業がＹ社への労務の誠実な提供に何らかの支障をきたす蓋然性が高いとみるのが社会一般の通念であり，事前にＹ社への申告があった場合には当然にＹ社の承諾が得られるとは限らないものであったことからして，本件Ｘの無断二重就職行為は不問に付して然るべきものとは認められない。」

　本件は，副業，兼業の就労時間数が毎日6時間に及ぶ二重就職状態の事案である。就業時間中に居眠りが多く，残業を嫌忌する等，誠実な労務提供が認められず，当然に解雇が認められたところである。

ジャムコ立川工場事件（東京地裁八王子支部平成17年3月16日判決）
　「ＸがＹ社から休職給を受けながら自営業を営むことは，他の従業員から見れば奇異であり，職場秩序を乱すものであって，本件懲戒解雇事由であるオートバイ店の営業行為の服務規律違反の程度は，ＸＹ間の雇用契約における信頼関係を損なう程度のものと認めるのが相当である。」

　本件は，休職中の労働者が，自ら自営業（オートバイ店）を営んだことが発覚した事件である。療養のためと称して休職している期間に副業，兼業をする行為は，信頼関係を損なうものとして解雇は有効とされた。

休職中といえども，本来は就業時間のはずであり，誠実な労務提供について重大な支障がある事件といえる。

ジェイズ・コミュニケーション事件（東京地裁平成19年9月7日判決）

　執行役員部長のＡは，自社の営業と称していながら，知人とともに他社を受け皿として別事業計画に参画し，同社へ会社関係者を送り込み，同社の事業が順調に立ち上がるように自社の受注案件である製品を横流しした。これらの行為は自社への報告が無く，また，自社の決済を得ず他社の代金支払いを自社が連帯保証するに等しい約束をする等の行為があった。

　「地位身分役職にかんがみ会社に対する背信性は重大なものがあることからすると，本件解雇が理由なく濫用であるということはできず，有効である。」

　本件は，執行役員部長の地位にある労働者による背任行為である。会社と競業関係にある他社のために，会社の受注案件を横流しするなど，極めて悪質な事件である。副業，兼業というよりも，単なる犯罪行為といえる。

　残念ながら，現実社会では，このような事件が後を絶たない。そして，事件発覚後，経営者が決まり文句のように「信頼して任せていた」と述べる。こういうと聞こえは良いが，言い方を替えると，「大丈夫だろうと思って確認しなかった」ということである。定期的な確認等があれば，任されている労働者の魔が差す可能性を劇的に抑えることができる。注意したいところである。

　解雇が認められた裁判例を三つ挙げたが，いずれも当然解雇が認められるような事案といえる。解雇が認められなかった例と比較することで，個別事案でも大まかな予測はつくだろう。

解雇

4.　副業，兼業への実務対応

　労働者が，単に生活費又は借金返済等のため，所定労働時間外において副業，兼業をすることは，原則として問題とならない。

　問題となる副業，兼業とは，①誠実な労務提供に支障があるもの，②企業経営秩序に支障があるもの，のいずれか一つに該当するケースをいう。副業，兼業に関する実務対応において，この二つの視点が重要となる。

219

誠実な労務提供への支障という視点については，日頃の労働者の様子にサインが出ていることがある。

- ・疲れているように見える
- ・ボーッとしている時間が増えた
- ・ミスが増えた
- ・居眠りすることがある
- ・残業を拒否する
- ・休みが増えた
- ・終業後のつきあいが悪くなった

以上のいずれかに該当する場合，副業，兼業をしている可能性が考えられる。もちろん，単に体調が悪かったり，生活環境に変化があったりという可能性も考えられる。しかし，原因は何であっても，労務管理上把握しておきたいところである。

原因が，副業，兼業等であることが発覚した場合は，就業規則の規定に従って対応することとなる。本人が直ちに副業，兼業等を辞め，さらに改悛の情があって情状酌量の余地があると判断されるときは，懲戒解雇とせず，降格，出勤停止，減給等の処分とすることも可能である。

企業経営秩序への支障という視点については，日常におけるチェック体制が重要である。労務提供への支障と異なり，企業秘密漏洩や犯罪行為であるケースがあるからである。

同業他社における副業，兼業の場合，本業である事業所ではその就業を秘匿したまま，副業，兼業先では明らかとなっているケースが多い。即ち，副業，兼業先が，不正に情報を引き出そうとする可能性も考えられるし，労働者が気に入られたい又は労働条件向上を狙って情報提供する可能性も考えられる。極めて危険である。

取引先における副業，兼業の場合，密かにバックマージンを受けるなどの行為に及ぶ可能性が考えられる。手法として，売り掛け先であるときは，ギリギリまでの値引きを迫られ，買い掛け先であるときは，不当に高額請求を受ける

などにより，取引先とその労働者が不正利得分を分ける構図である。

　また，自ら事業を行うケースがあるが，中には「最悪」といえるケースに及ぶことがある。多くの場合，同業種となりがちであるため，本来事業所の利益であるはずの売上げをそっくりと横取りされること等が考えられる。それなりの地位にある労働者がこれを行うと，被害甚大である。

　いずれにしても，発覚した場合は直ちに副業，兼業を辞めたとしても懲戒解雇をもって臨むしか考えられない事態である。

　話は変わるが，近年よく問題になるのが，就業時間中におけるインターネットを利用した副業，兼業である。

　パソコンに向かって何か作業している姿は，外観上，仕事をしているのかそうでないのかわからない。その実，インターネットで販売業務，株式取引，ネットオークション等をしているケースが結構多いようである。

　パソコンに向かっているときに，そっと近寄ったらあわてて画面を変える行為が目立つ者は，極めて怪しい。事業所のパソコンであれば，履歴調査をするべきである。そのためにも，就業規則にパソコン使用に関する調査を行うことを規定しておきたい。履歴調査の結果，何らかの取引等が発覚すれば，就業時間中における副業，兼業であり，許されない行為である。ただ，どの程度の時間を利用していたか，よく確認しておきたい。極めて短時間の場合は，解雇が認められない可能性も考えられるからである。

（「社会保険労務士の独り言」No.146，平成24年３月18日）

解雇

副業，兼業をなぜ促進？

　昨年12月25日，厚生労働省の「柔軟な働き方に関する検討会」は，副業・兼業に関するガイドライン案を公表しました。注目したいのが，その名称「副業・兼業の促進に関するガイドライン（案）」です。行政は副業・兼業を認めようとしているのではなく，「促進」しようとしているのです。

221

ガイドライン案には，副業・兼業の労使双方のメリットが示されています。労働者のメリットは，①離職せず別の仕事をすることでスキル・経験などを得て主体的なキャリア形成，②本業を安定所得として自己実現の挑戦・追求，③所得増加，④本業収入により小リスクで起業・転職の準備・試行が可能，とされています。

　事業所のメリットは，①労働者が社内で得られない知識・スキルを獲得，②労働者の自立性・自主性を促進，③優秀な人材の流出防止，④労働者の社外情報や人脈により事業拡大，とされています。

　どう感じましたか？　ちなみにデメリットについては項目もありません。

　企業は一般的に，就業規則で副業・兼業を認めていないケースが多いと思います。しかし，裁判例（小山建設事件〔東京地裁昭和57年11月19日決定〕，マンナ運輸事件〔京都地裁平成24年7月13日決定〕など）は，勤務時間外の副業・兼業は原則自由とし，例外的に労務不能又は不完全な労務提供や企業秘密漏洩など，経営秩序を乱す副業・兼業は許されないとしています。事業所が規定で禁止しても，経団連が容認してもしなくても，裁判所はずっと以前から副業・兼業は原則自由だと言っているのです。それにもかかわらず，わざわざガイドラインを作成しようというわけです。これまでできなかった副業・兼業を可能にすることが目的ではなく，副業・兼業を積極的に促進させることが目的だということです。

　副業・兼業と言っても，短時間パートの掛け持ちと，フルタイム労働者の場合とでは訳が違います。前者の場合，これまでも特に問題とされてきませんでした。即ち，行政が狙っているのは，フルタイム労働者の副業・兼業の促進ということになるでしょう。そのため，わざわざ労使双方のメリットを強調し，デメリットについてはぼやかしているのです。

　様々な労働問題の中でも，とりわけ大きな社会問題となっているのが，長時間過重労働問題です。長時間労働は，脳や精神疾患発症の原因となり得て，しかも最悪のケースでは自殺の可能性も考えられるとされているのです。すでに裁判上認められているフルタイム労働者の副業・兼業を，なぜこの時点でわざわざ「促進」しなければならないのでしょうか。

　政府は，はっきりと言うべきです。「労働力人口及び税収の減少を補うため，もっと国民を働かせる必要がある。しかし，一事業所での長時間労働を社会が容認しないため，副業・兼業を促進するしかない。これにより，労働力確保，

生活保護率減少，所得税確保を狙う。長時間労働問題は放っておこう」と。

　労働基準法では，2カ所勤務の労働時間は「通算」することになっています。2カ所合計の労働時間が法定労働時間を超えれば，その部分は割増賃金計算となるのです。2事業所目はフルタイム労働者を安易に雇用できず，副業・兼業は促進されません。

　そのためか，厚労省検討会のガイドライン案は，労働時間の通算について「留意すること」とだけしか示していません。さらに，合計労働時間が長時間とならないよう「労働者が自ら管理」としています。副業・兼業の促進のため，事業所の負担が少ないように装っています。しかし，後日問題が生じれば，裁判所はきっと「法は2カ所勤務においては労働時間を通算する旨定めていることから，事業所には2カ所通算の労働時間を把握する義務があると解される。そして，労働者の健康に配慮する義務があるところ，これを怠り……」と言うでしょう。

　仮に副業・兼業を「促進」するとしても，まず労働時間を通算して割増賃金計算とする取り扱いを廃止する必要があります。そうしなければ，副業・兼業は法律上正しく促進されません。次に，合計労働時間数にも上限規制が必要でしょう。長時間過重労働に関する現在の取り扱いとの整合性がとれないからです。さらに，通算労働時間は，実際に働いている本人にしかわからないことなので，時間管理は自己責任であることを明確にすべきだと考えます。自己申告で事業所も把握できるという反論も予想されますが，第1に自己申告が必ずしも正確でないこと，第2に本人が一番わかるのにわざわざ事業所に他の事業所での労働時間数まで把握を義務づけることは不合理だと考えるところです。

（『産経新聞』雇用のプロ安藤政明の一筆両断，平成30年1月11日付）

信頼関係の破壊と解雇

　「辞めさせたい社員がいるが……」といったご相談は，今も昔も中小企業経営者からのご相談の中でも特に多い相談内容である。

それでも以前と比較すると，経営者が非常に我慢強くなったように感じる。その理由は，「解雇はよほどの理由がなければ認められない」という理不尽な事実が広く認識されるようになったからだろう。

　辞めさせたい従業員が存在するといっても，具体的な事情は個々に大きく異なる。しかし，大きく異なるものの，多くのケースで共通する部分もある。そのキーワードが，「信頼関係の破壊」である。

　中小企業の経営者にとって，辞めさせたいとまで考える従業員である。少なくとも，好感を持てる相手ではない。もっとはっきり言えば，「嫌い」な相手である。

　では，どのような従業員が嫌いなのか。言うことを聞かない者。嘘をつく者。事業所のことを悪く言う者。義務を遂行せず権利を主張する者。反抗的な者。少なくとも，「可愛くない者」である。

　今回は，このような「可愛くない者」について，本当に解雇せず我慢すべきかどうか検討したい。

1.　労働契約とは

　まず最初に，労働契約とはどのような契約であるか，確認したい。

> 労働契約法第 6 条
> 　労働契約は，労働者が使用者に使用されて労働し，使用者がこれに対して賃金を支払うことについて，労働者及び使用者が合意することによって成立する。

　労働契約の核心部分は，実に単純である。
　・労働者は，事業所に「使用されて労働」することを約する。
　・事業所は，労働者に賃金を支払うことを約する。
　この二つだけなのである。
　「使用されて労働」の部分は極めて重要である。ただ単に労働するのではなく，使用されて労働しなければならないのである。言い替えると，事業所の指示命令に従って労働しなければならないということである。

仮に労働者が事業所の指示命令に従わないのであれば，それは契約違反なのである。そして，その契約違反の状態が継続するのであれば，契約は解約せざるを得ないということになる。即ち，解雇しなければならないということである。

しかし，労働者が事業所の指示命令に従わなかったときにおける事業所の対応については注意を要する。

そもそも労働法は，労働者を保護することを目的とする法律である。多少の契約違反があっても，そう簡単に解雇を認めようとは考えない法律なのである。指示命令に従わないという事実に対し，事業所が何ら注意指導等をしなかったら，法律はどのような考え方をするか知っておく必要がある。

「事業所は黙っていた⇒黙認した⇒指示命令違反にあたらない」のような流れになるのである。

もし解雇したい労働者が存在する場合，本人と口も聞きたくないかもしれないが，必要な注意指導を怠らないよう注意する必要がある。

事業主も労働者も，「労働契約」について明確に認識できていないケースが少なくない。事業主は，業務上必要な指示命令を発する権利があり，労働者はこれに従う義務がある。それにもかかわらず，権利を行使していなかったり，労働者の義務違反を不問に付してしまっていたりするのである。

2．解雇無効の裁判例

2－1　東京エムケイ事件（東京地裁平成26年11月12日判決）

《事案の概要》

タクシー会社において，会社と労働組合との間で次のような協定が締結されていた。

① 自損事故について，損害額及び事故回数等に応じて再教育，無事故手当の不支給，事故代の徴収等

② 事故の隠蔽について，修理費に関係なく業務手当及び無事故手当の不支給，降格及び査問

原告は，平成25年10月21日にオートバイに追突する人身事故を起こし，会

社に報告した。さらに同年11月13日に自損事故を起こし車両に約１メートルのひっかき傷を付け，黒色タッチペンで塗って事故を隠蔽した。

　しかし他の労働者によってすぐに発覚した。原告は，少しでも心証を良くしようと考え，始末書及び進退伺いを自ら提出した。進退伺いには，「私の進退については，社長にご一任申し上げます。」と記載されていた。

　会社は，原告の意思を確認せず退職扱いとした。それを知った原告が異議を申し出たが，会社は隠蔽行為は悪質であって，タクシー乗務の継続は困難として自主退職を打診。原告は打診を拒否し，解雇通知書と離職票の交付を求めたため，会社はこれに応じた。

《裁判所の判断》
　20日前に人身事故を起こし，第二事故は隠蔽した行為は職業倫理上許されず，悪質な行為であると認定。しかし，原告は過去に懲戒処分歴はなく，勤務態度に問題を指摘されていたこともなく，隠蔽行為を繰り返したわけでもない。１回の隠蔽行為によって原告と会社との間の信頼関係が解雇しなければならない程度に破壊されたものとは評価することができない。

　プロドライバーが，立て続けに事故を引き起こし，しかも事故の報告をせず，さらに隠蔽工作まで行った事案である。信頼関係は破壊されてもおかしくないといえる。

　しかし裁判所は，「過去に懲戒処分歴もなく」という常套句を用い，さらに勤務態度を指摘されたことや過去に隠蔽したこともないという当たり前のことを述べて解雇無効と判断したのである。

　日頃から，問題点があれば注意指導し，一定の行為についてはきちんと軽い処分でいいから懲戒処分とすることがいかに重要であるか，改めて認識させられる事案である。

２－２　芝ソフト事件（東京地裁平成25年11月21日判決）

《事案の概要》
　原告は，社会保険労務士資格を有する者で，IT推進部長として採用された。

次のような非違行為を理由として，会社から懲戒解雇された。

①　取締役と口論となり，大声で怒鳴り，「やる気か，こら」等と発言

②　顧客Ａから，原告は顧客の事情を理解していない旨クレーム

③　受注業務の納期が守れず，原告にその原因があるとして顧客Ｂからクレーム

④　会社が原告の資質を疑い，職務経歴書の提出を求めたが，拒否

⑤　会社の業務協力者が，原告は自己中心的でパートナーとして不適格と申入れ

　解雇理由は，「①喧嘩が異常に多く，会社業務に影響，②営業担当には能力的にできないと判断され，他の仕事に当てようとしたが，本人は業務命令拒否」とされた。原告は解雇の具体的な根拠を示すよう求めたが，会社は「説明をするのは，まったくの時間の無駄だ」と回答した。

《裁判所の判断》

　「取締役に対し，暴言を吐いた」，「性格的に激高しやすい側面があることから……強い口調で自らの主張を述べることがあったこと，そのことが周囲の従業員に対して不安を感じさせたことが窺えないではないが」としつつも，懲戒解雇事由に該当するとまではいえないと判断。

　業務命令違反があったことも認めながら，それでも会社が賃金減額や解雇をちらつかせるメールを送信したため指示に対して拒否的になることも全く理解できなくはないとし，さらに職務経歴書の提出拒否をもって懲戒解雇とするのは重すぎるとし，懲戒解雇は無効と判断。

　本件解雇が無効とされたことは，会社は本当に気の毒である。信頼関係は，完全に破壊されている。あまりにも酷い労働者でありながら，それでも裁判所が保護した理由は，会社の対応がまずかったからだとしか考えられない。

　上記事案の概要は，かなり省略している。会社は突然賃金を減額したり，解雇する前に「当社に入り，会社に貢献もできないくせに，喧嘩しにきているだけなら，最低です。さっさと退場して頂戴」，「（原告は）常識外れの方で，いくら教育しても理解力に大変な問題があり，とても社会人として受け入れられる人ではないので，明日にでも退職してもらうと会社が決定しました」等のメールを送っていた。更に解雇後にも，「病院に行って，自分が精神的に病気がある

かないかの病院からの証明を提出してきて下さい」等のメールを送信。裁判所は, このような対応について心証を害したのではないかと推測するところである。

　メールは, 証拠として残る。この点は大いに注意したい。また, 仮に事実であっても, 客観的に見て人格侵害していると感じられかねない表現を用いるべきでない。

3. 解雇有効の裁判例

3−1　マイクロソフトディベロップメント事件（東京地裁平成25年11月6日判決）

《事案の概要》
　原告は平成18年に入社し, 解雇される平成23年まで, 業績評価はすべて最低ランクだった。同僚 3, 米国マイクロソフト本社関係者からも多数のクレームが寄せられていた。しかし, 平成21年と同22年には, それぞれ異なる合同労組に加入し, 会社に対して団体交渉等を行って権利主張するなどした。
　原告の態度は, 上司に対し大きな声を出して威嚇したり, 上司の発言を遮ってその話を聞かない等反抗的で, 小馬鹿にしたり, 嘲笑するかのような発言を繰り返したりするものだった。会社は何度となく注意指導を行ったが, 原告は全く受け入れる態度を示さなかったため, 解雇した。

《裁判所の判断》
　会社は原告に対し, 平成22年1月に戒告処分, 同年2月に出社停止処分を行い, 平成23年1月及び同6月には「業務改善指導書」を発行し, 一貫して注意指導したが, 原告は反省したり行動を改めることがなかったと認定。「本件労働契約は, 原告の責めに帰すべき言動, 態度により, 労働契約関係を継続・維持していくために必要な信頼関係を修復不可能なまでに破壊されてしまったと評価することができ」るとして, 解雇を有効と判断。

　会社が「我慢比べに勝った」という印象である。

平成23年1月の時点で，業務改善指導書の交付ではなく解雇したとしても，認められた可能性は高いように感じられる。

解雇が認められた大きな要因は，上司が，原告が大声で威嚇したり小馬鹿にしたり反抗的な態度を繰り返しても，一貫して冷静に粛々と対応した点である。芝ソフト事件との最も大きな相違点とも言える。

もし同様の労働者が存在する場合，注意指導等の対応が重要だし，必要不可欠である。「またあんな態度をとりやがって」等と思うだけで，注意指導等の対応をとらず，悪質な態度等を記録だけしてある日突然解雇しても，裁判所はなかなか解雇を有効と認めないだろう。

事業所がその都度注意指導等の対応をすることで，問題労働者は改善するかさらに悪化するかのどちらかであるが，さらに悪化するケースは少なくない。適切な注意指導は，解雇のタイミングを早める可能性が考えられるといっても過言ではないだろう。

適切な注意指導，問題労働者に対して必要不可欠であると同時に，これ以上有効な対応はないといえるものなのである。

3－2　日本コクレア事件（東京地裁平成29年4月19日判決）

《事案の概要》

原告は，平成25年10月，マーケティング＆デジタル・コミュニケーションズ・スペシャリストの職位として採用された。

採用当初の原告の上長（部長）は，副社長や社長が兼任していたが，平成26年6月に専任部長が採用された。

本社から原告について改善を求める苦情があったため，部長が3つの問題点について改善を求めたが，原告は英語力について改善するが他には問題ないと答えた。また，部長の指示に対し，原告は自ら必要ないと判断し，指示に従わなかったりした。逆に，部長の承認を得ず，独断で広告を掲載したりした。

平成26年7月，会社は原告に対し警告書を交付し，改善しない場合は解雇する可能性もあることを示して回答を求めた。しかし，原告は自分の考え方に固執し，素直に受け入れる姿勢を示さなかった。

その後も改善しないため，同年8月，会社は再度警告書を交付した。しか

し原告は自分の考えに固執し，改善しなかった。

《裁判所の判断》

「原告は，会社の組織・体制の一員として円滑かつ柔軟に適応して行動するという考えがなく，再三上司からの指示，指導及び警告にかかわらず，職制を無視した自己中心的な態度を続けたのであり，自己の考えに固執して上司の指示を聞こうとしない姿勢は顕著であるといわざるを得ず，改善の意欲も一向に認められない。」，「原告は，使用者が従業員に対して通常求める姿勢である，上司の指示，指導等に素直に耳を傾け，上司の意見を取入れながら円滑な職場環境の醸成に努力するなどといった点に欠ける面が顕著であるといえ，再三の被告からの指示，指導及び警告にかかわらず一向に改善の意欲も認められないことからすれば，原告と被告との労働契約における信頼関係は，本件解雇時点においてもはや回復困難な程度に破壊されていると評価せざるを得ず，被告としては，職場全体の秩序，人間関係への悪影響等に鑑み，職場内の規律維持等の観点から対応せざるを得なかったといえる。」等として，解雇を有効と判断。

　裁判所は，圧倒的に一方的に会社の主張を認めている。マイクロソフトディベロップメント事件も同様であるが，やはり，その都度注意指導や警告を冷静に，粛々と繰り返したことが大きく評価されている。

　原告としては，自分より後から入社した上司とソリが合わなかったようである。しかし，裁判所は「職制を無視した自己中心的な態度」と切り捨てている。また，一定の専門職として雇用され，その専門的な資質に欠ける点も判断に影響したと推測する。中小企業においても，高ポストで雇用する例があるが，その際職種限定契約である旨明確にできる工夫が必要であろう。

4. 辞めさせたい労働者への対応

4－1　好き嫌い

　辞めさせたい労働者とは，極論を言えば，「嫌い」な労働者である。

　そして，嫌われる労働者とは，ある能力が低い者だといえる。ある能力とは，

「経営者に好かれる能力」である。

　経営者も，人間である。仮にミスが多い労働者であっても，注意指導に従って改善しようと努力している姿勢があれば，通常は解雇しようとは考えない。しかし，ミスが多い労働者であるにもかかわらず，注意指導に従って改善しようとしないのであれば，「嫌い」になるのである。これは人間として仕方がないといっていいだろう。

　注意指導に対し，神妙な顔をして聞いていれば，最初は問題ないかもしれない。しかし，それでもミスを繰り返し，いつも神妙な顔で聞いていても，改善の見込みが感じられなければ，いつか「嫌い」になる可能性がある。

　その理由は，「聞いているフリをしている」と感じたり，「分かっていないのに質問もしない」のように感じたりするからである。

　そう言いながらも，なかなか採用が難しい時代である。せっかく雇用した労働力をいかに活用するかによって，雲泥の差が生じるといっても過言ではない。事業所にも「労働者の能力を引き上げる能力」が求められているといえる。できれば，せめて神妙な顔をして注意指導を受ける労働者については，どうやれば改善できるのか，個別の対応法も検討してみたいところである。

　注意指導に従わない労働者には，大きく分けて性格的な問題と，能力的な問題のパターンがある。もちろん，必ずどちらか一方というわけでなく，性格7：能力3等の混合であったりもする。

　辞めさせたい労働者とは，基本的には性格的な問題が半分以上占めているケースだと考えてよい。能力的な問題が過半数占めているケースについては，事業所も頑張らなければならないだろう。中には，能力的問題であっても，それが致命的な能力不足であれば，やむを得ないケースもあり得るが。

　嫌っても仕方ないケースと，嫌いにならないよう努力すべきケース，事業所の対応もなかなか難しいものである。

4－2　嫌いな労働者への対応

　「嫌い」な労働者への具体的な対応としては，既述のとおり，その都度注意指導を繰り返すことが重要である。

さらに具体的に言えば，その注意指導において，いくつか留意しておきたい事項がある。特に重要な事項を次に示しておきたい。

■パワーハラスメントにご用心

性格的問題から上長の注意指導等に従わない者は，「責任転嫁」という得意技をもっていることがほとんどである。自分に問題があるから注意指導を受けているのに，頭の中では他人の責任だと本気で思っているのである。

その矛先として，圧倒的に可能性が高いのが，他ならぬ注意指導を実施している上長である。

考えたら当たり前である。「自分は悪くない」と自分勝手な考えに固執しているのだから，悪くないのに文句を言ってくる者は敵なのである。敵に対しては，優位に立って攻撃しようと考える者がいてもおかしくない。即ち，注意指導の際の発言等に対し，揚げ足を取ろうということになるのである。

上長から見ると，相手はどう見ても問題労働者で，何度注意指導しても改めない悪人である。一度だけならよいが，何度も同じことを繰り返して注意指導するうちに，人間であるが故，感情的になりやすい。「何度同じことを言わせるのか！ 小学生でもできることだ」のようなことを言ってしまいかねない。これが，危ないパターンなのである。

注意指導は，当然しなければならない。しかし，行き過ぎた注意指導は，パワハラと評価されてしまうことになるのである。

■証拠を残す！

具体的に，「どのような注意指導を行うか」という問題である。

万一後日労働紛争になったとき，事業所は注意指導を繰り返したと事実を主張しても，「一度も注意指導を受けたことはない」と白を切る悪徳労働者が実際に存在したりするのである。

仮に注意指導が常に口頭で行われた場合は，裁判所で立証することは非常に困難である。複数の労働者が，注意指導をしていたと陳述書を提出することが考えられる。しかし，これも危ない。何故なら，注意指導を受けるということは，本人にとっては好ましいことでないにもかかわらず，他の労働者の面前で行われたとすれば，それ自体がパワハラだと主張されることも考えられるし，

少なくとも配慮を欠いた注意指導だと評価される可能性が考えられるからである。

「何度言ってもわからない」とこぼす上長は少なくないが，何度も言ったことを立証できるかと聞かれると，ちょっと困るのではないだろうか。以上から，後日のことを考えると，注意指導は面倒でも書面で行うよう心がけたい。

この書面にも，工夫の仕方がたくさんある。簡単な例を挙げれば，本人のミスや非違行為等について，注意指導書に具体的な内容を記載するだけである。注意指導したことだけでなく，その原因となったミスや非違行為自体が事実であることについて立証するのに役立つというわけである。

ちょっと応用すると，顛末書等の労働者が自ら記載して提出させる書面についても，その提出しなければならなくなった原因について詳細を記載させるよう癖付けたい。本人自筆だと，より高い証拠能力を有するといえる。

(「社会保険労務士の独り言」No.216，平成30年1月25日)

公務員の軽すぎる処分と 民間の極端な処分

▶参照記事①：『産経新聞』平成29年6月14日付
「ストーカー行為　市職員免職処分　住民情報システム悪用」
▶参照記事②：『産経新聞』平成29年6月20日付
「飲酒で苦情，陸自15人停職　船移動中「勤務時間と思わず」」
▶参照記事③：『日本経済新聞』平成29年6月24日夕刊付
「部下に料理かけ　警部補パワハラ　福島，停職処分に」
▶参照記事④：『日本経済新聞』平成29年6月24日夕刊付
「佐賀県職員がセクハラで停職」
▶参照記事⑤：『日本経済新聞』平成29年6月29日付
「暴行の教諭ら3人懲戒　福岡市教委」

公務員の懲戒に関する記事を五つピックアップした。よくも短期間でこれだけ，と思うが，その懲戒処分の内容が軽すぎると感じずにはいられない。

記事①は，唯一の懲戒免職処分である。熊本県荒尾市の職員が，住民情報システムを不正使用して女性職員の個人情報を取得し，ストーカー行為をしたものである。

記事②は，とんでもない内容である。陸上自衛隊第15旅団が，勤務時間中に訓練に向かうためフェリーに乗船し，その船上で飲酒したのである。しかも15人で飲酒して大騒ぎしたようで，一般乗客から苦情があったため発覚したという。勤務時間中の公務員が集団で飲酒して民間人に迷惑をかけたという事案に対し，わずか停職4日という処分である。民間の事業所であれば，勤務時間中において取引先に向かう新幹線の中で大勢で飲酒し，一般客からクレームがあったというような事案である。

記事③は，飲食店で部下の頭に冷めたあんかけ料理をかけた他，バリカンで頭を丸刈りにするなど11人に対してパワハラをした警部補の事案である。これがわずか停職3カ月である。ただ，この警部補は依願退職したという。

記事④は，男性職員が飲酒後，女性職員から車で自宅に送ってもらう途中，ホテルに誘い，嫌がる女性の体を触った事案である。これが停職1カ月。

記事⑤は，同僚に暴行した男性教諭を停職2カ月，個人情報が入ったUSBメモリーを紛失した女性教諭を戒告，生徒に体罰をした男性教諭を戒告，という3人の処分である。

記事①を除き，いずれも処分内容が軽すぎる。しかし，民間企業においては，多少のことでは全く懲戒処分をせず，よほどのことがあったときはいきなり懲戒解雇するというパターンが目立つ。そして解雇無効を訴えられ，裁判官から「過去に懲戒処分歴がない」ことも理由の一つとして解雇が無効と判断されたりするのである。日頃から，非違行為に対しては内容に応じた懲戒処分を行う習慣を持つ必要があるのである。

解雇金銭解決制度の必要性

解雇をめぐる当事者間の紛争を，金銭で解決しようという「解雇金銭解決制

度」は何度も検討され，その度に，先送りされています。特に労働組合などから「カネさえ払えば解雇が認められるとはケシカラン」と，非難されまくっています。しかし，現在の解雇法制に，様々な課題があることは事実です。この制度は，必要性があるからこそ度々，検討されているのです。

　少し意外かもしれませんが，労働法の条文では，原則として解雇は自由です。「客観的に合理的な理由を欠き，社会通念上相当であると認められない場合」に限って無効とされます。無効とされたら，解雇自体がなかったことになります。この場合，解雇された従業員が，引き続き従業員であることが認められます。解雇が不服な場合，「もう職場に戻る気はないが，それなりのカネを払え」と訴えるのではなく，原則として「従業員であることを認めろ」と訴えるしかないわけです。労働者としての「地位確認請求」といいます。

　ところが実態はどうでしょうか。特に中小企業において，解雇された者が本心から職場復帰を望むことは，非常にレアケースだといえます。職場復帰を望まない場合は，どうしたら良いのでしょうか。

　通常は，自分を解雇した会社のことは忘れて，就職活動をするでしょう。しかし，解雇を不当として訴えたい場合は，原則として本心を偽って地位確認請求することになるわけです。職場に戻るつもりはありませんから，目的は「カネ」です。こういう人に限って「カネが欲しいのではない。解雇が不当だと認めさせたい」とか言います……。

　ですが現実をみれば，解雇訴訟の多くは，判決を待たずに和解が成立しています。和解といっても，仲直りするのではなく，金銭解決です。このパターンのほとんどの和解条件は，事業所が金銭支払いに応じ，従業員は地位確認を放棄するというものです。

　これはまさしく，金銭補償です。解雇金銭解決制度があれば，最初から地位確認請求ではなく金銭請求ができて，同様の結果が得られるわけです。そもそも，職場復帰を望まないにもかかわらず，その本心を隠して地位確認を求めて提訴すること自体が，大いなる矛盾だと言わざるを得ないのです。

　以上のとおり，解雇された従業員が職場復帰にこだわらない場合，解雇金銭解決制度には，メリットがあります。それなのに，議論がなかなか進まないのは，なぜでしょうか。

　反対派は解雇を決断する心理的抵抗が低くなることを恐れている，と推測し

ます。

　現実は，解雇が認められるハードルが高すぎて，事業所が解雇を躊躇することが多いと考えられます。裁判になれば，いくら払わせられるか明確な基準はありません。しかも最悪の場合は，解雇したはずの従業員が戻ってくるのです。

　一定の金銭補償が「最悪の結果」であれば，解雇を決断しやすくなるでしょう。

　ところで，事業所が全く問題がない従業員をわざわざ金銭を支払ってまで解雇することがあり得るでしょうか？　少なくとも，よほど変わった経営者でない限りそのようなことは考えられません。従業員の傷病や事業所の深刻な経営難のような場合もあります。ですが，これらを除けば，解雇は本人に大きな問題のある従業員に限られるといえます。能力不能，勤怠不良，態度不良，協調性欠如，指示命令違反その他，非違行為のある従業員です。こうした従業員が解雇されず，放置されれば，迷惑を被るのは誰でしょうか。もちろん事業所もですが，実際に日々迷惑を被るのは，同じ職場の多くの誠実な従業員なのです。職場全体が不幸な状態です。労働法が「善良な労働者」を前提としているため，問題従業員への対応などにおいて，誠実な従業員が大変な思いをしている実態があります。この問題の一部でも改善されると期待されるが，解雇金銭解決制度なのです。

（『産経新聞』雇用のプロ安藤政明の一筆両断，平成29年6月15日付）

あとがき

　労働法の世界で大注目の裁判2件について，平成30年6月1日に最高裁判決が下された。長澤運輸事件とハマキョウレックス事件 (81頁参照) である。いずれも，正社員と非正規社員との賃金等の格差が争点である。

　長澤運輸事件は，定年後の再雇用契約において，業務内容が変わらないのに年収が2〜3割減額となったため，その差額を求めた訴訟。東京地裁は，会社に対し定年前と同水準の支払いを命じたが，東京高裁は定年後の賃金減額は社会一般に行われており不合理な格差にあたらないとして請求を退けた。最高裁は，東京高裁の判断を支持し，定年再雇用後の賃金減額について理解を示したのである。

　ハマキョウレックス事件は，正社員に支給される諸手当が契約社員に支払われないことが不合理な格差であるとして，契約社員が手当支給を求める訴訟。大津地裁彦根支部は，通勤手当についてのみ，正社員の下限と契約社員の上限の差額の支払いを命じたが，大阪高裁は，通勤手当の他に無事故手当，作業手当，給食手当について，不合理な格差であるとして支払いを命じた。最高裁は，高裁の判断を支持しつつ，さらに皆勤手当についても格差を認めなかった。

　60歳定年後の再雇用は，定年前後の仕事内容が同じだとしても，賃金は5〜6割となることは一般的なことである。そもそも，平成18年までは60歳定年後に再雇用する義務すらなかったところ，法が一方的に65歳までの雇用を義務づけたものである。その義務は，単に雇用を継続することであって，賃金を保障するものではない。実際に，減額を前提とした雇用継続給付金の制度（定年前の75%未満に減額となった場合に一部を補填する制度）があるなど，賃金減額は社会的に広く認識された慣行なのである。

　契約社員については，正社員に支給される諸手当，賞与，退職金等については支給されないか，支給される場合も限定的だというのが一般的である。契約社員は，採用当時に示された労働条件に合意して採用されたわけである。もし採用面接において正社員と同じ手当の支給等を求めたのであれば，採用自体がなかったであろう。それにもかかわらず，採用後に手当支払いを求めるなど，

とんでもない話である。そのとんでもない話を，最高裁が認めてしまったのである。最高裁の判断は，契約自由の原則を無視するものであり，極めて不当である。今後多くの事業所で無用な紛争を発生させる種をまいたとしか言いようがない。

もともと解雇規制が厳しすぎるから，非正規雇用が拡大したのである。次に非正規雇用であっても正社員と同様の手当を支給しなければならないというのであれば，今後事業所がどのような対応をするのか予想できる。

まず，同一労働同一賃金だと言われないように，正社員と同じ職務をさせなくなる。手当等で相違を設けられないことは，基本給で相違を設けるしかなくなったことを意味するわけである。次に，正社員の給与が抑制される。契約社員への支払いが増大すれば，その原資は正社員の給与を削るしかないからである。最後に，雇用自体を縮小させる。ＡＩ時代が迫りつつあって，既に銀行等では大リストラが行われている。このような時代にあって，人間を雇用すること自体が何よりも大きなリスクだと気づく事業所が激増してしまうわけである。

わが国にとって，何も良いことはない。事業所にとっても，労働者にとっても，である。裁判所は，日本をどうしたいのか。

労働法は，解雇規制で縛っておいて，これから逃れて非正規雇用を増大させれば，今度はこちらを攻めてくる。事業所は，逃げても逃げても逃げ切れない。やはり王道は，労働法の考え方を知り，あらかじめ予防することである。

本書が，「労働法の罠に嵌まらない」ことに少しでもお役に立てば，望外の喜びである。

　　　平成30年 6 月吉日

　　　　　　　　　　　　　　　　　　　　　　　　安 藤 政 明

安藤政明（あんどう・まさあき）

特定社会保険労務士，行政書士，一級FP技能士・CFP®，認定心理士

熊本県立済々黌高等学校，西南学院大学商学部，中央大学法学部通信教育課程，武蔵野大学通信教育部人間科学部を卒業。平成10（1998）年，安藤社会保険労務士事務所開設。労働判例研究会主宰，リスク法務実務研究会主宰，労務士業務研究会主宰，中央大学法学部通信教育課程福岡支部講師（労働法），社労士会労働紛争解決センター福岡あっせん委員，警固神社清掃奉仕団団長，福岡地方史研究会会員。

■執筆

【単行本】『労働判例に学ぶ中小企業の労務管理』（共著，労働新聞社，平成21年10月），『労働判例にみる解雇基準と実務』（共著，日本法令，平成22年11月），『解雇予告除外認定申請完全ガイド』（日本法令，平成23年10月），『脚本で学ぶ実務的すぎる裏話付き個別労働紛争あっせん制度』（花乱社，平成27年11月）他。【連載コラム】「労務士アンドウの言いたか！放談」（『月刊フォーNET』平成21年8月号～毎月連載中），「雇用のプロ安藤政明の一筆両断」（『産経新聞』九州山口版，平成24年9月12日朝刊～年6，7回執筆中）。【他】『ビジネスガイド』，『FPジャーナル』，『中小企業と組合』，『福岡地方史研究』，『神社新報』他。

事業所が労働法の罠に嵌まる前に読む本
中小企業経営のための労働時間，就業規則，注意指導，紛争，退職，解雇

❖

平成30（2018）年7月1日　第1刷発行

❖

著　者　安藤政明
発行者　別府大悟
発行所　合同会社花乱社
　　　　〒810-0073　福岡市中央区舞鶴1-6-13-405
　　　　電話 092（781）7550　FAX 092（781）7555

印刷・製本　大村印刷株式会社

［定価はカバーに表示］

ISBN978-4-905327-91-2

❖ 花乱社の本

脚本で学ぶ実務的すぎる裏話付き 個別労働紛争あっせん制度

ブラックなラーメン屋が解雇，パワハラ，賃金不払い残業…紛争勃発！和解なるか!?

安藤政明著

いじめ・嫌がらせ，パワハラ，セクハラ，不当解雇，賃金不払い残業……。様々に起こる職場でのトラブル。労働者と会社とのトラブルを解決するための「個別労働紛争あっせん制度」は，当事者にとって手軽で負担が少ない良い制度だが，一般には認知度が低く十分に活用されていない。本書では，制度の内容を実際の例で理解できるように工夫。台詞の解説や関連事項の説明を加え，制度の解説・資料を掲載する。

▷Ａ５判／176ページ／並製／定価2160円

りすくのくすり 相続特集

法務実務専門家による処方箋

リスク法務実務研究会著

いざという時に身を守る！ 争族（相続）対策のための遺言，相続放棄の留意点，遺産分割手続，相続税申告の基礎，生命保険を活用した相続対策，成年後見制度における任意後見制度，死亡退職金の受取等々，相続リスク対策について，弁護士，税理士，司法書士，行政書士，社会保険労務士，CFP，不動産鑑定士ら専門家が，それぞれの視点から情報を提供し解説する。

▷Ａ５判／184ページ／並製／定価1944円

福岡地方史研究

福岡地方史研究会編・発行

第55号 【特集＝明治150年】
幕末政治史の対立点と開鎖問題／草莽 戸原継明論：明治九年秋月の乱への一道程／福岡藩士の長崎遊学／幕末久留米藩における田中久重の大砲製造／古代の銅生産（製錬と精錬）について，他。

第54号 【特集＝東アジアの中の福岡・博多Ⅱ】
文化度朝鮮通信使と小倉藩主小笠原忠固／武田範之序論：天佑侠の位相／七里恒順の排耶と中国語版キリスト教書籍／渡り陶工高原五郎七について／福岡藩相島通信使関連史跡調査の近年の成果／熊本地震被災神社の復興を願って，他。

▷Ａ５判／176ページ／並製／定価1620円／年１回刊